甘肃省国土空间开发格局与优化策略

滕海峰　著

蘭州大學出版社
LANZHOU UNIVERSITY PRESS

图书在版编目（CIP）数据

甘肃省国土空间开发格局与优化策略 / 滕海峰著
. -- 兰州 : 兰州大学出版社, 2018.7
ISBN 978-7-311-05390-1

Ⅰ. ①甘… Ⅱ. ①滕… Ⅲ. ①国土规划－研究－中国
Ⅳ. ①F129.9

中国版本图书馆CIP数据核字(2018)第174194号

责任编辑　马继萌　熊　芳
封面设计　陈　文

书　　名　甘肃省国土空间开发格局与优化策略
作　　者　滕海峰　著
出版发行　兰州大学出版社　(地址:兰州市天水南路222号　730000)
电　　话　0931-8912613(总编办公室)　0931-8617156(营销中心)
　　　　　0931-8914298(读者服务部)
网　　址　http://press.lzu.edu.cn
电子信箱　press@lzu.edu.cn
印　　刷　北京虎彩文化传播有限公司
开　　本　710 mm×1020 mm　1/16
印　　张　11.5
字　　数　151千
版　　次　2018年7月第1版
印　　次　2018年7月第1次印刷
书　　号　ISBN 978-7-311-05390-1
定　　价　32.00元

前 言

对国土空间开发格局进行优化，是党的十八大以来在宏观战略决策上的一个重点。优化国土空间开发格局的目的，就是为了提高各种资源和发展要素在空间上的配置比例和效率，提高投资的边际产出。甘肃省是我国西部的一个资源比较多、发展相对比较慢、结构差异性比较突出的地区之一。按照中央的一贯指示精神，深入开展对国土空间开发格局的优化路径研究，是有极其重要的现实意义的。本书就是在这种理论和政策的背景下，对区域国土空间开发格局优化问题进行研究的一种尝试。

一、理论和政策依据

党的十八大报告将生态文明建设放在国家发展战略的突出地位，与经济建设、政治建设、社会建设和文化建设等同等重要，这就使得建设小康社会的内涵越来越丰富、目标越来越清晰、措施越来越务实。生态文明是对既往文明特别是工业文明和物质文明发展模式的反思。在生态文明理念下的物质文明，将致力于消除经济活动对大自然自身稳定与和谐构成的威胁，逐步形成与生态环境相协调的生产生活与消费方式。

2015年5月5日，中共中央、国务院印发《关于加快推进生态文明建设的意见》，这是继党的十八大报告和十八届三中、四中全会对生态文明建设做出顶层设计后，中央对生态文明建设的又一次全面部署。根据《关于加快推进生态文明建设的意见》，生态文明建设的目标包括：国土空间开发格局进一步优化、资源利用更加高效、生态环境质量总体改善、生态文明重大制度基本确立。“国土空间开发格局进一步优化”是推进生态文明建设的第一目标和主要途径。国土空间是人类赖以生存和发展的空间载体，离开了这个载体，人类社会将无处安置。可以说，自古至今，人类文明的演进就是国土空间开发格局不断调整和不断优化的过程。

二、现实意义重大

甘肃省地处黄土高原、青藏高原和内蒙古高原三大高原和西北干旱区、青藏高寒区、东部季风区三大自然区域的交汇地带，地形复杂，山脉纵横交错，海拔相差悬殊，高山、盆地、平川、沙漠和戈壁兼而有之。甘肃省东西蜿蜒1655公里，自古以来形成了丝绸之路交通干道，成为今天打造新丝绸之路经济带的重要依托。可以说，甘肃独特的地理位置、版图形态和地貌特征，加上各个历史时期特定的区域政策与富有成效的实施措施，形成了极富特色的甘肃国土空间开发格局。这是甘肃各族人民对自然空间的不断利用、改造的结果，也是今后赖以生存和发展的基础和空间载体。

优化甘肃国土空间开发格局具有重要的现实意义。一是从国家生态安全战略出发，甘肃北部涉及国家北方防沙带建设，西南部是青藏高原生态屏障的组成部分，东部和东南部部分地区被纳入青藏高原—川滇生态屏障区域范围，所以甘肃在防风固沙、水源涵养、水土保持等方面的工作具有全国意义。二是从民族团结稳定出发，甘肃自古以来就是回族、藏族、哈萨克族、裕固族、东乡族、保安族等多民族融合的区域，这些民族的人们并不是零散地居住在甘肃境内，而是聚居生活，可以说，甘肃民族地区的经济社会发展与民族团结稳定关系到全国的社会稳定。三是当前经济社会发展中存在的生态系统脆弱、生态问题突出、适宜开发面积小与国土开发效率低并存等问题，归根结底都是由于国土开发与功能定位不匹配、生态生产与生活空间配置不合理、规划建设与管理各环节衔接不紧密等因素造成的。简单说，就是需要保护的地方在过度开发，出现草原超载、自然保护区矿产开采等问题；而鼓励开发的地方却出现开发强度、产业层级、产出效率“三低”的问题，从而整体上呈现生态破坏与低效率开发并存的双重矛盾。因此，从维护国家生态安全与民族团结稳定的高度、从经济发展与生态环境协调的视角，优化国土空间开发格局都是建设幸福美好新甘肃的基础工程、核心途径与关键举措。

三、主要研究内容

国土空间开发是一项全局性、系统性、综合性很强的工作。优化甘肃国土空间开发格局涉及方方面面的内容，基于当前甘肃国土空间开发中存在的问题，必须依据“五大发展理念”，优化国土空间开发思路在总体上需要把握好以下五个关系。

1.统筹“空间、规模、产业”三个决策维度。从空间维度科学认识国土空间类型的差异性及其与特定开发内容、开发方式及开发强度的相互适应性，从规模维度要考虑的是特定区域在环境容量一定的前提条件下选择开发什么或怎么开发的问题，从产业维度要考虑的是什么样的国土空间（环境容量是一定的）发展什么样的产业和怎么发展的问题。力求获得最大的经济、生态与社会综合效益。

2.统筹“生产、生活、生态”三大布局。提高国土开发的全局性与和谐性，突出强调生产功能在空间相对集中，以降低企业合作成本、延长产业链条、提高基础设施利用效率，有助于推动废弃物市场化、集中化、综合化处理和利用，进而提高经济发展效率与环境治理效果；生活功能在空间上相对集中，以利于形成城区生活、休闲、娱乐氛围，有助于提升城区人居环境和城市品质。

3.统筹“规划、建设、管理”三大环节。提高国土开发的系统性与协调性，毕竟三者的工作对象都是同一块国土，不仅在国家、省级层面如此，在市州、县区层面都是如此，最大限度地发挥三者合力，才能使我们的国土开发过程更能体现规划意图和发展目标。

4.统筹“改革、科技、文化”三大动力。提高国土开发的科学性与持续性，要通过规划体制与管理体制的改革创新、新技术与新平台的创新创造、传统文化与现代文明的良好融合，实现国土空间开发过程中的“天人合一”与健康发展。

5.统筹“政府、社会、个体”三大主体。提高各类建设主体的积极性和能动性，既要发挥政府有形之手，也要发挥市场无形之手的作用，更要发挥企业、家庭等微观主体的勤劳之手，共同推进国土有序开发与文明演进。

四、体系和结构

为了有助于全面、系统、客观地了解和把握国土空间开发的来龙去脉、理论基础与实践探索，从基础、理论、实践三个层次和维度，本书分为基础篇、战略篇和实证篇。其中，基础篇从国家与全省两个层面，经济、社会与生态三个维度阐述了甘肃省国土空间开发的重要意义、自然条件、开发举措与存在问题，为探讨甘肃国土空间开发问题奠定理论与实践基础；战略篇在探讨甘肃国土空间开发总体思路的基础上，着重从不同方面、从理论的角度探讨了国土空间开发的相关内容；实证篇则是不同主体功能区典型区域的课题研究成果或者调查报告，目的在于通过实际调查研究，具体分析和展现不同区域的不同做法。

基础篇共分为四章。第一章，从国土开发格局的基本理论、党中央关于国土开发格局的战略部署、甘肃省优化国土开发格局的重大意义等三个方面阐述了优化国土空间开发的重要意义。第二章，按照《甘肃省主体功能区规划》相关内容，从自然状况、经济社会发展现状、空间开发综合评价、面临的形式与挑战等方面阐述了当前优化甘肃省国土空间开发的自然基础与社会基础。第三章，按照《甘肃省主体功能区规划》相关内容以及最新发展资料，梳理了甘肃省国土空间开发总体格局，以及甘肃省重点开发区、农产品主产区、重点生态功能区以及禁止开发区格局与优化重点，目的在于在战略和规划层面理清甘肃省国土空间开发的总体格局及不同主体功能区的空间格局与优化重点。第四章，重点阐述了近年来甘肃省国土空间开发中采取的主要举措、实施的重点工程、取得的主要成效、存在的问题及成因，目的在于对当前相关工作的梳理中总结经验、吸取教训，为进一步提升工作效率与优化成效奠定实践基础。

战略篇共分为八章，主要是近年来围绕国土空间开发问题撰写的系列文章成果。第五章，依据国土空间开发的全局性、系统性、综合性特征，鉴于甘肃国土空间开发中存在的问题和原因分析，提出“五个统筹”的总体优化思路。第六章，基于近年来甘肃省国土空间开发格局呈现出的新情况和新变化，提出进一步优化的思路与举措。第七章，基于城市自身发展演进规律，进一步明确生态城市的建设主体及各自职责，认为城市政府是生态城市的主要倡导者、建设者和管理者；并从城市政府的视角，提出生态城市建设的思路和重点，优化城市结构，旨在通过搭建生态城市的“骨架”，逐步引导城市的生态化演进。第八章，以生态城市是一种城市发展理念的认识为前提，提出干旱区生态城市建立的理论与实践问题，这既是干旱区城市发展模式的创新，也是生态城市理念在特定地域的实践，有助于生态城市从理论走向实践。着重阐述了干旱区生态城市的内涵与特征、建设理念及建设重点，以期引导干旱区城市建设走向更加健康之路。第九章，基于“小城镇”发展战略的实施情况和城乡差距日益拉大与农村发展缓慢的现实背景，认为促进镇域经济发展是对国家“小城镇”发展战略的视野拓展，有助于促进农村地区发展，夯实国民经济基础，实现城乡统筹发展；并从培育农村经济中心、建立城乡良性互动机制、发展主导产业、积极发展NGO作用以及塑造新型农民五个方面提出了镇域经济发展思路。第十章，通过分析循环经济工业园区建设背景，从多视角审视园区性质、建设意义与承载的期望，梳理园区规划中需要关注的几个基本问题，将其分为基本问题、主要问题、关键问题和核心问题，并分别进行阐述，为园区规划者和管理者提供参考。第十一章，通过贫困地区供给短板的分析，即相对国内外市场需求而言，贫困地区供给侧在产品结构、产品品质、消费市场以及农民增收等方面存在许多现实的发展短板，从而使得农民在农产品的生产、流通、交换以及消费环节均难以增收，从而认为，贫困片区的供给侧“短板”是造成贫困的主要原因，针对这些“短板”及其存在原因，提出了相应的消解对策。第十二章，易地搬迁扶贫是我国精准扶贫工作中的重要政策之一。在实际工作中，大部分地方遵循“搬得出、稳得住、能致富”的指导方针，普遍重视迁入区和迁出区的建设问题，但是，也有部分地方只关心迁入区的建设而忽视迁出区的再建设问题，使得许多搬迁区域出现大面积的荒芜耕地、废弃宅基地、荒芜集体用地等。因此，从盘活废弃土地资源、保护生态环境和开发利用的长久之计考虑，易地搬迁扶贫既要向前看（迁入区建设），也要往后看（迁出区的建设），扎实做好迁出区国土资源的综合开发和利用工作。

实证篇共分为四章，主要是近年来围绕甘肃省国土空间开发所做的课题研究成果和调查报告。第十三章，以兰州新区与兰州老城区空间关系的科学配置与结构优化为例，探讨重点开发区的空间格局优化问题。从内容上讲，主要是2013年度甘肃省哲学社会科学规划项目“兰州新区建设为区域空间结构优化提供的机遇及对策研究”、2014年度甘肃社会科学学术活动基金会资助项目“丝绸之路经济带建设中兰州新区的空间作用机制及应对策略”最终研究成果的节选内容，着重从兰州新区的整体优势与空间结构优化功能、兰州城市空间结构演变特征、兰州老城区与兰州新区空间关系科学配置等四个方面探讨兰州新区与兰州老城区的空间结构优化问题。第十四章，以平川区黄桥乡工商资本投资现代农村规模种养业为例，重点探讨干旱半干旱地区农产品主产区国土开发与经济发展问题。从内容上讲，主要通过调查工商资本转型投资农村现代规模种养业的现实背景、主要做法、主要成效及其经验启示，为类似地区的国土开发与经济发展提供有益借鉴。第十五章，以临夏州工商资本投资现代农村规模种养业为例，重点探讨民族地区农产品主产区国土开发与经济发展问题。从内容上讲，主要包括临夏州发展条件与基础，以及工商资本投资现代农村规模种养业的原则与过程、现状与特点及其效果、转型模式与新功能、启示与建议等，目的是为类似民族地区国土开发与经济发展提供有益借鉴。第十六章，以甘南州生态功能区保护与经济发展为案例，探讨重点生态功能区与禁止开发区的国土开发与经济发展问题。从内容讲，主要包括甘南州自然状况、甘南州经济发展现状与存在问题、甘南州生态红线划定与生态保护、甘南州旅游经济增长极培育、甘南州高原草食畜牧业经济增长极培育等，目的是为类似地区的国土开发与经济发展提供有益借鉴。

目 录

基础篇：优化意义与开发现状

战略篇：总体思路与分项推进战略

实证篇：调查研究与决策咨询

基础篇：

优化意义与开发现状

第一章　甘肃省优化国土开发格局的重要意义

甘肃省地域广阔，东西绵延1655公里，面积42.58万平方公里。甘肃地处黄土高原、青藏高原和内蒙古高原三大高原和西北干旱区、青藏高寒区、东部季风区三大自然区域的交汇地带。境内地形复杂，山脉纵横交错，海拔落差悬殊，高山、盆地、平川、沙漠和戈壁兼而有之。甘肃独特的地理位置、版图形态和地貌特征，加上各个历史时期特定的区域政策与富有成效的实施措施，形成了富有特色的甘肃国土空间开发格局。这是甘肃各族人民对自然空间的不断利用、改造的结果，也是今后赖以生存和发展的基础和空间载体。进一步优化甘肃国土开发格局，有助于推进美丽甘肃建设，更好地参与到美丽中国与生态文明建设的进程之中；这是甘肃责任，更是甘肃作为。

一、国土开发格局的基本理论

历史表明，人类文明的演进过程就是国土空间开发的过程。从农耕文明到工业文明再到现今的生态文明，国土空间开发伴随始终。国土空间是人类赖以生存和发展的空间载体，离开了这个载体，人类社会将无处安置。

（一）国土开发格局的内涵和特点

1. 内涵

国土开发是亘古以来永恒的话题。尽管在不同的历史时期、发展阶段，国土开发的对象、内容、方式、措施、效果等有很大的不同，但对于一个国家、一个区域来说，国土始终是生存与发展最为重要的要素，也是人民创造财富与推进文明演进的实际场所。国土空间是一个国家（或区域）进行各种政治、经济、文化活动的场所，是经济社会发展的载体，是人们生存和发展的依托。

那么，国土空间开发格局则是一个国家（或区域）的人民依托一定地理空间，通过长时间生产和经营活动形成的经济要素分布状态，这是历史上国土开发的结果，也是今后国土开发与谋求经济社会发展的基础。优化国土开发格局是人们通过对客观规律的认识，对不合理的空间格局进行修正和调整，促进空间格局不断改善的过程。

2. 特点

基础性。国土开发格局的基础性特点表现在：一是特定区位的国土要素，如地理区位、自然条件、资源禀赋、风土人情、历史传统等，是该区域赖以发展的客观基础；二是国土开发的进一步深入，要以对国土要素的客观、全面、科学的调查与评价为前提条件；三是国土开发格局的进一步优化，要以对现状格局的形成历史、形成原因、演变过程、发展趋势等的调查与分析为现实基础。

动态性。国土开发格局的动态性特点表现在：一是国土空间是经济社会发展的载体，经济社会发展的变化必然传导到国土开发格局的变化上；二是国土开发范围、程度的日益加深以及国土开发格局的发展演变，在一定程度上支撑着经济社会发展的演进；三是随着科技的发展、认识的提高，尤其是生态思维逐渐深入人心，人们对历史上经济发展与国土开发中不合理的行为和不合理的空间格局的客观审视逐渐成为一种常态，使得空间格局优化处于不断改善的动态过程之中。

区域性。国土开发格局的区域性特点表现在：一是国土空间是指一定自然条件下的特定地理单元，独特的区域性自然要素是国土空间的自然标签；二是不论是全国范围尺度，还是省级、市级乃至县级区域范围尺度，国土空间的自然环境特征都具有明显的区域差异，比如，国与国之间的国际比较视野下的自然差异等。

综合性。国土开发格局的综合性特点表现在：一是从开发方式上讲，国土开发是指以开采、垦殖、工程建设等手段开发利用国土资源，促进社会经济发展，满足人民日益增长的物质和文化的需要；二是从开发内容上讲，国土开发包括对土地资源、矿产资源、生物资源和水资源的开发，以及区域性的资源综合开发；三是从开发空间上讲，有生产空间、生活空间和生态空间等；四是从开发格局上讲，有城市化格局、农业发展格局、生态安全格局、自然岸线格局。特定时期、特定区域的国土开发格局是多种因素综合作用的结果。

（二）国土空间开发的主要内容

国土空间开发的内容，从空间类别划分上主要有“生产空间”“生活空间”“生态空间”及其各自开发的内容和特点；从空间优化的途径上看，主要有经济布局、城乡协调、资源利用、环境污染防治、生态保护、国土空间管理等。

1. “三大空间”合理布局

党的十八大报告提出“生产空间”“生活空间”“生态空间”三个概念，这为优化国土空间开发格局理论注入了新的内容，在实践中更容易把握，更易于落实。也就是说，从内容上讲，国土空间开发包括生产空间、生活空间和生态空间。2015年5月27日，习近平总书记在浙江召开华东7省市党委主要负责同志座谈会时指出，协调发展、绿色发展既是理念又是举措，务必政策到位、落实到位。要采取有力措施促进区域协调发展、城乡协调发展，加快欠发达地区发展，积极推进城乡发展一体化和城乡基本公共服务均等化。要科学布局生产空间、生活空间、生态空间，扎实推进生态环境保护，让良好生态环境成为人民生活质量的增长点，成为展现我国良好形象的发力点。

（1）生产空间要实现集约高效

我国陆地国土空间面积广大，居世界第三位，但山地多，平地少，约60%的陆地国土空间为山地和高原。适宜工业化城镇化开发的面积有180余万平方公里，但扣除必须保护的耕地和已有建设用地，今后可用于工业化城镇化开发及其他方面建设的面积只有28万平方公里左右，约占全国陆地国土总面积的3%。适宜开发的国土面积较少，决定了我国必须走空间节约集约的发展道路。尤其需要注意的是，我国生态脆弱区域面积广大，脆弱因素复杂。中度以上生态脆弱区域占全国陆地国土空间的55%，其中极度脆弱区域占9.7%，重度脆弱区域占19.8%，中度脆弱区域占25.5%。脆弱的生态环境，使大规模高强度的工业化城镇化开发只能在适宜开发的有限区域集中展开。

（2）生活空间要实现宜居适度

所谓“生活空间”就是人们居住、消费和休闲娱乐的场所。其中，住房无疑是城镇居民最重要的生活空间。2013年底召开的中央城镇化工作会议提出，生活空间要“宜居适度”，不是仅靠增加住房“平均面积”能够解决的。宜居，理应包括小区环境优美，住宅质量过关，配套设施完善，建材绿色环保等内涵。适度，理应既要注重控制开发强度，使房地产发展与生态环境相协调，又要放眼于全面提高城镇居民住房的舒适度，特别是让更多中低收入家庭居住条件得到改善。

（3）生态空间要山清水秀

总体上看，我国生态类型多样，森林、湿地、草原、荒漠、海洋等生态系统均有分布。由于全球气候变化以及一些地区不顾资源环境承载能力的肆意开发，导致部分地区森林破坏，湿地萎缩，河湖干涸，水土流失，沙漠化、石漠化和草原退化，近岸海域生态系统恶化，气象灾害、地质灾害和海洋灾害频发。这些生态损害严重、生态系统功能退化的问题已引起社会各界的广泛关注。2013年9月7日，习近平在哈萨克斯坦纳扎尔巴耶夫大学回答学生问题时指出，我们既要绿水青山，也要金山银山。宁要绿水青山，不要金山银山，而且绿水青山就是金山银山。我们绝不能以牺牲生态环境为代价换取经济的一时发展。我们提出了建设生态文明、建设美丽中国的战略任务，给子孙留下天蓝、地绿、水净的美好家园。

2. “六大举措”推动空间优化①

根据《全国主体功能区规划》（2010年12月）中关于全国主体功能区布局基

① 引自《全国主体功能区规划》（2010年12月）。

本形成之时的展望，即“我们的家园将呈现生产空间集约高效，生活空间舒适宜居，生态空间山青水碧，人口、经济、资源环境相协调的美好情景”，依此来梳理国土空间开发具体内容和实现举措。

（1）经济布局更趋集中均衡

工业化城镇化将在适宜开发的一部分国土空间集中展开，产业集聚布局、人口集中居住、城镇密集分布。在继续提升现有特大城市群整体功能和国际竞争力基础上，在其他适宜开发的区域，培育若干新的大城市群和区域性城市群，形成多元、多极、网络化的城市化格局，使经济增长的空间由东向西、由南向北拓展，人口和经济在国土空间的分布更趋集中均衡。

（2）城乡区域发展更趋协调

农村人口将继续向城市有序转移，所腾出的闲置生活空间将得到复垦还耕还林还草还水，农村劳动力人均耕地将增加，农业经营的规模化水平、农业劳动生产率和农民人均收入大幅提高，城市化地区反哺农业地区的能力增强，城乡差距逐步缩小。人口更多地生活在更适宜人居的地方，农产品主产区和重点生态功能区的人口向城市化地区逐步转移，城市化地区在集聚经济的同时集聚相应规模的人口，区域间人均生产总值及人均收入的差距逐步缩小。适应主体功能区要求的财政体制逐步完善，公共财政支出规模与公共服务覆盖的人口规模更加匹配，城乡区域间公共服务和生活条件的差距缩小。

（3）资源利用更趋集约高效

大部分人口的就业和居住以及经济集聚于大城市群地区和城市化地区，基础设施共享水平显著提高；节能型的轨道交通成为大城市群的主要客运方式并间接降低私人轿车的使用频率；大城市群内将形成相对完整的产业体系，市场指向型产品的运距缩短，物流成本降低；低碳技术和循环经济得到广泛推广，资源节约型和环境友好型社会初步形成。

（4）环境污染防治更趋有效

一定的空间单元集聚的人口规模和经济规模控制在环境容量允许的范围之内，先污染、后治理的模式得以扭转。随着主体功能定位的逐步落实，绝大部分国土空间成为农业空间和生态空间，不符合主体功能定位的开发活动大幅减少，工业和生活污染排放得到有效控制。相对于小规模、分散式布局，经济的集中布局和人口的集中居住将大大有利于污染治理水平的提高。

（5）生态系统更趋稳定

重点生态功能区承载人口、创造税收以及工业化的压力大幅减轻，而涵养水源、防沙固沙、保持水土、维护生物多样性、保护自然资源等生态功能大幅提升，森林、水系、草原、湿地、荒漠、农田等生态系统的稳定性增强，近海海域生态环境得到改善。城市化地区的开发强度得到有效控制，绿色生态空间保持合理规模。农产品主产区开发强度得到控制，生态效能大幅提升。

（6）国土空间管理更趋精细科学

明确的主体功能定位，为涉及国土空间开发的各项政策提供了统一的政策平台，区域调控的针对性、有效性和公平性将大大增强；为各级各类规划的衔接协调提供了基础性的规划平台，各级各类规划间的一致性、整体性以及规划实施的权威性、有效性将大大增强；为国土空间及其相关经济社会事务的管理提供了统一的管理平台，政府管理的科学性、规范性和制度化水平将大大增强；为实行各有侧重的绩效评价和政绩考核提供了基础性评价平台，绩效评价和政绩考核的客观性、公正性将大大增强。

二、党中央关于国土开发格局的战略部署

从表面上看，优化国土空间开发格局作为生态文明建设的重要途径写入党的报告之后引起了社会各界的关注。尽管人-地关系一直是地理学，尤其是经济地理学的研究对象，也曾经提出过很多的政策建议，但并未引起足够的重视。我们知道，党的十七大就已将建设生态文明作为全面建设小康社会奋斗目标的新要求，党的十八大又将生态文明建设提升到了一个新高度，把生态文明建设纳入中国特色社会主义事业五位一体布局。所谓“五位一体”，就是把生态文明建设放在突出地位，融入经济建设、政治建设、文化建设、社会建设各方面和全过程，构成“经济-政治-文化-社会-生态文明”“五位一体”的总体布局。同时，十八大进一步丰富了建设生态文明的内涵和要求。在继续突出尊重自然、顺应自然、保护自然的生态文明理念的前提下，首次把“国土”作为生态文明建设的空间载体，把“优化国土空间开发格局”作为生态文明建设的首要任务。党的十八届三中全会通过的《中共中央关于全面深化改革若干重大问题的决定》，提出紧紧围绕建设美丽中国深化生态文明体制改革，加快建立生态文明制度，健全国土空间开发、资源节约利用、生态环境保护的体制机制，推动形成人与自然和谐发展现代化建设的新格局。优化国土空间开发格局成为中央政府关注的热点问题，自然也是各地政府和社会各界关注的热点问题。

（一）“十二五规划”中的主体功能区

国家“十一五”规划纲要提出了推进形成主体功能区的要求。2011年，在国家“十二五”规划纲要中，把主体功能区提升到战略高度。“实施区域发展总体战略和主体功能区战略，构筑区域经济优势互补、主体功能定位清晰、国土空间高效利用、人与自然和谐相处的区域发展格局。”2010年12月21日，国务院印发《全国主体功能区规划》，该规划的副标题为“构建高效、协调、可持续的国土空间开发格局”。国务院印发的《全国主体功能区规划》，确立了未来国土开发的主要目标和战略格局，提出了未来国土空间开发的新理念和新原则，明确了

分类管理的区域政策和各有侧重的绩效考核评价办法，这一规划标志着中国第一个国土空间开发规划诞生，也标志着主体功能区战略正式形成。

《全国主体功能区规划》（2010年12月）基于不同区域的资源环境承载能力、现有开发强度和未来发展潜力，以是否适宜或如何进行大规模高强度工业化城镇化开发为基准，将我国国土空间分为优化开发区域、重点开发区域、限制开发区域和禁止开发区域等四大主体功能区。

1. 优化开发区域

优化开发区域是经济比较发达、人口比较密集、开发强度较高、资源环境问题更加突出，从而应该优化进行工业化城镇化开发的城市化地区。

2. 重点开发区域

重点开发区域是有一定经济基础、资源环境承载能力较强、发展潜力较大、集聚人口和经济的条件较好，从而应该重点进行工业化城镇化开发的城市化地区。优化开发和重点开发区域都属于城市化地区，开发内容总体上相同，开发强度和开发方式不同。

3. 限制开发区域

限制开发区域分为两类：一类是农产品主产区，即耕地较多、农业发展条件较好，尽管也适宜工业化城镇化开发，但从保障国家农产品安全以及中华民族永续发展的需要出发，必须把增强农业综合生产能力作为发展的首要任务，从而应该限制进行大规模高强度工业化城镇化开发的地区；一类是重点生态功能区，即生态系统脆弱或生态功能重要，资源环境承载能力较低，不具备大规模高强度工业化城镇化开发的条件，必须把增强生态产品生产能力作为首要任务，从而应该限制进行大规模高强度工业化城镇化开发的地区。

4. 禁止开发区域

禁止开发区域是依法设立的各级各类自然文化资源保护区域，以及其他禁止进行工业化城镇化开发、需要特殊保护的重点生态功能区。国家层面禁止开发区域，包括国家级自然保护区、世界文化自然遗产、国家级风景名胜区、国家森林公园和国家地质公园。省级层面的禁止开发区域，包括省级及以下各级各类自然文化资源保护区域、重要水源地以及其他省级人民政府根据需要确定的禁止开发区域。

各类主体功能区，在全国经济社会发展中具有同等重要的地位，只是主体功能不同，开发方式不同，保护内容不同，发展首要任务不同，国家支持重点不同。对城市化地区主要支持其集聚人口和经济，对农产品主产区主要支持其增强农业综合生产能力，对重点生态功能区主要支持其保护和修复生态环境。

（二）五中全会提出的“四大格局”

2015年10月29日，中国共产党第十八届中央委员会第五次全体会议通过的

《中共中央关于制定国民经济和社会发展第十三个五年规划的建议》中，明确提出："有度有序利用自然，调整优化空间结构，划定农业空间和生态空间保护红线，构建科学合理的城市化格局、农业发展格局、生态安全格局、自然岸线格局。"结合《全国主体功能区规划》（2010年12月）和《中共中央关于制定国民经济和社会发展第十三个五年规划的建议》，梳理国土空间开发格局视野下的"四大格局"的主要内容。

1. 城市化格局

即构建"两横三纵"为主体的城市化战略格局。构建以陆桥通道、沿长江通道为两条横轴，以沿海、京哈京广、包昆通道为三条纵轴，以国家优化开发和重点开发的城市化地区为主要支撑，以轴线上其他城市化地区为重要组成的城市化战略格局。推进环渤海、长江三角洲、珠江三角洲地区的优化开发，形成3个特大城市群；推进哈长、江淮、海峡西岸、中原、长江中游、北部湾、成渝、关中—天水等地区的重点开发，形成若干新的大城市群和区域性的城市群。

2. 农业发展格局

即构建"七区二十三带"为主体的农业战略格局。构建以东北平原、黄淮海平原、长江流域、汾渭平原、河套灌区、华南和甘肃新疆等农产品主产区为主体，以基本农田为基础，以其他农业地区为重要组成的农业战略格局。东北平原农产品主产区，要建设优质水稻、专用玉米、大豆和畜产品产业带；黄淮海平原农产品主产区，要建设优质专用小麦、优质棉花、专用玉米、大豆和畜产品产业带；长江流域农产品主产区，要建设优质水稻、优质专用小麦、优质棉花、油菜、畜产品和水产品产业带；汾渭平原农产品主产区，要建设优质专用小麦和专用玉米产业带；河套灌区农产品主产区，要建设优质专用小麦产业带；华南农产品主产区，要建设优质水稻、甘蔗和水产品产业带；甘肃新疆农产品主产区，要建设优质专用小麦和优质棉花产业带。

3. 生态安全格局

即构建"两屏三带"为主体的生态安全战略格局。构建以青藏高原生态屏障、黄土高原—川滇生态屏障、东北森林带、北方防沙带和南方丘陵山地带以及大江大河重要水系为骨架，以其他国家重点生态功能区为重要支撑，以点状分布的国家禁止开发区域为重要组成的生态安全战略格局。青藏高原生态屏障，要重点保护好多样、独特的生态系统，发挥涵养大江大河水源和调节气候的作用；黄土高原—川滇生态屏障，要重点加强水土流失防治和天然植被保护，发挥保障长江、黄河中下游地区生态安全的作用；东北森林带，要重点保护好森林资源和生物多样性，发挥东北平原生态安全屏障的作用；北方防沙带，要重点加强防护林建设、草原保护和防风固沙，对暂不具备治理条件的沙化土地实行封禁保护，发挥"三北"地区生态安全屏障的作用；南方丘陵山地带，要重点加强植被修复和水土流失防治，发挥华南和西南地区生态安全屏障的作用。

4. 自然岸线格局

根据陆地国土空间与海洋国土空间的统一性，以及海洋系统的相对独立性进行开发，促进陆地国土空间与海洋国土空间协调开发。一是海洋主体功能区的划分要充分考虑维护我国海洋权益、海洋资源环境承载能力、海洋开发内容及开发现状，并与陆地国土空间的主体功能区相协调。二是沿海地区集聚人口和经济的规模要与海洋环境承载能力相适应，统筹考虑海洋环境保护与陆源污染防治。三是严格保护海岸线资源，合理划分海岸线功能，做到分段明确，相对集中，互不干扰。港口建设和涉海工业要集约利用岸线资源和近岸海域。四是各类开发活动都要以保护好海洋自然生态为前提，尽可能避免改变海域的自然属性。控制围填海造地规模，统筹海岛保护、开发与建设。五是保护河口湿地，合理开发利用沿海滩涂，保护和恢复红树林、珊瑚礁、海草床等，修复受损的海洋生态系统。

三、甘肃省优化国土开发格局的重大意义

甘肃东西连绵1600余公里，在历史上属于中国战略纵深地域，是连接中原与西域的重要交通要道，再加上多个民族在这里聚集以及类型多样的生态空间，从汉王朝开始甘肃就是长安的西北屏障而受到重视。在国际经济格局变化、国际政治秩序重塑的背景下，需要放眼全球来布局中国经济体系，尤其是要培育和增强西北经济体系，在国家经济战略布局上取得均衡与平衡，从而建立牢固的国家安全战略空间。从国家安全和均衡发展的战略角度讲，优化甘肃国土开发格局具有十分重要的作用。

（一）维护国家生态安全

甘肃特殊的地理位置和自然条件，形成了较为分明的生态格局。南部沿省界从西北到东南的带状区域，依次分布有祁连山、甘南高原、“两江一水”（白龙江、白水江、西汉水）流域、子午岭，该区域降水量大，植被较茂密，是甘肃省的主要林区与草原区，也是河西内陆河和黄河、长江等大江大河的重要水源补给和涵养区，承担着水源涵养、生物多样性保护等多种生态功能，是重要的生态屏障区，是生态保护的重点区域。北部沿省界从西北到东南为河西三大内陆河流域的中下游、陇中和陇东黄土高原北部，本区域降水量小，植被稀疏，西北部有库姆塔格、巴丹吉林、腾格里三大沙漠和沙尘暴策源区分布，是典型的生态脆弱区，是生态治理的重点区域。位于南北两区之间的是城市和农业集中分布区，社会经济活动频繁，能量流动旺盛，扶贫攻坚任务巨大，处在丝绸之路经济带甘肃黄金段的内核位置，是复杂系统、多样生态的交错区，是生态优化的重点区域。[①]

---

① 引自《甘肃省生态保护与建设规划（2014—2020年）》（2015年4月）。

甘肃地处长江、黄河上游，是全国水土流失治理和防沙治沙的重点区域，其生态建设是确保西部大开发战略实施，涵养补给黄河水源、根治长江水患、实现下游地区经济社会可持续发展的有效保障，是阻止沙尘暴等恶劣气候环境、促进北方地区经济社会发展的前沿阵地，也是《全国主体功能区规划》确定的“两屏三带”全国生态安全战略格局中“青藏高原生态屏障”“黄土高原—川滇生态屏障”和“北方防沙带”的重要组成部分。甘肃生态安全在西北乃至全国具有非常重要的地位，因此，通过优化国土开发格局，实现经济、社会和生态三者之间的协调发展，既能有效促进经济社会发展，更能很好地维护国家生态安全。

（二）维护民族团结稳定

甘肃是一个有着悠久历史和灿烂文化的多民族省份，是中华民族伟大文化的发祥地之一。在历史上，甘肃曾是一个多民族交汇地，众多的古代民族先后活动于甘肃的历史舞台，如戎、月氏、乌孙、匈奴、羌、氐、党项、鲜卑、吐谷浑、吐蕃、回鹘等民族。甘肃省现有55个民族成分，除汉族外，甘肃54个少数民族总人口为240多万，占全省总人口的9.3%。甘肃少数民族总人口中农业人口和非农业人口分别占86%和14%。甘肃少数民族中人口较多的有回、藏、东乡、土、裕固、保安、蒙古、撒拉、哈萨克、满族等10个少数民族，东乡族、裕固族、保安族为甘肃独有的少数民族。

甘肃省现有甘南、临夏两个少数民族自治州，有天祝、肃南、肃北、阿克塞、东乡、积石山、张家川7个少数民族自治县，有34个少数民族乡（镇）。少数民族自治地方土地面积达17.9万平方公里，占全省总面积的39.8%，少数民族人口200余万人。

甘肃历史上曾是一个民族交汇地，现在仍是一个多民族聚居的省份。从六盘山到祁连雪山，从甘南草原到戈壁绿洲，从白龙江畔到黄河之滨，在这广袤的地域里都有少数民族辛勤耕耘，繁衍生息。回族主要聚居在临夏回族自治州和张家川回族自治县，散（杂）居在兰州、平凉、定西、陇南、武威等全省各市州；藏族主要聚居在甘南藏族自治州和河西走廊祁连山东、中段地区；东乡、保安、撒拉族主要分布在临夏回族自治州境内；裕固、蒙古、哈萨克族主要分布在河西走廊祁连山的中、西段地区。全省86个县（市、区）中均有散（杂）居的少数民族。[①]因此，优化国土开发格局，关注民族地区经济社会发展与生态保护，对于维护民族团结与稳定，也具有十分重要的意义。

（三）推动美丽甘肃建设

在全国上下推动“美丽中国”建设的进程中，甘肃也在《甘肃省国民经济和社会发展第十三个五年规划纲要》中明确提出了“美丽甘肃”建设愿景与指导思想，即“以建设生态文明省为目标，坚持走生产发展、生活富裕、生态良好的文

---

① 范鹏、朱智文.《甘肃省情》，甘肃民族出版社，2015年，第28-29页。

明发展道路，推进国家生态安全屏障综合实验区建设，大力发展循环经济，加快建设资源节约型、环境友好型社会，推进美丽甘肃建设，推动人与资源和谐发展”。

近年来，甘肃在美丽甘肃建设中，取得了一系列成就，比如，2014年1月国务院通过的《甘肃省加快转型发展建设国家生态安全屏障综合试验区总体方案》就是对甘肃生态价值具有国家意义的肯定，也标志着甘肃省生态战略平台正式上升为国家战略；全省经济向中部地区集中的趋势逐步缓解，从一定意义上表明，甘肃区域发展协调性增强；从2010至2015年甘肃节能减排成效明显、甘肃省节水型社会建设进展显著、工业固体废物处置量和综合利用程度不断提高、甘肃能源消费结构优于全国平均水平等方面看，甘肃省循环经济示范区建设与绿色发展成效显著；同时出台了《甘肃省主体功能区规划》《甘肃省生态保护规划（2014—2020年）》《甘肃新型城镇化规划（2014—2020）》《甘肃“两江一水”区域综合治理规划》《祁连山水源涵养区生态环境保护与综合治理规划》等，为深入实施生态安全屏障行动建立了制度保障。

但是，美丽甘肃建设中也存在一些问题，比如，生态脆弱，系统功能退化，建设用地产出效率相对较低，农业用地产出效率相对较低，区域发展不协调问题依然突出，而且“两州两市”特困地区发展矛盾突出，等等。

不论是生态系统功能退化、国土开发产出效率低，还是区域城乡发展差距大，客观上有自然环境因素的制约与影响，但更多是人为因素造成的，主要是未按主体功能区功能定位开发，或是发展方式粗放等等。说得直观一点，就是需要保护的地方存在过度开发，如草原超载、旅游开发过度甚至高强度的工业化与城镇化等问题；而鼓励和重点开发的地方却开发强度有限、开发产业层级低、产出效率低。本来甘肃省适宜开发的土地面积就少，但却存在产业园区占地面积大、开发效率低的问题；本来耕地面积少、质量差，但还存在严重的土地撂荒现象。因此，建设美丽甘肃，国土开发格局急需调整和优化。

第二章　甘肃省国土开发的省情基础①

甘肃以古甘州（今张掖）和古肃州（今酒泉）两地首字而得名，由于陇山在境内绵延又简称陇。东邻陕西省，南与四川省、青海省接壤，西与新疆维吾尔自治区相邻，北与内蒙古自治区和蒙古国交界，东北部与宁夏回族自治区连接。闻名中外的古丝绸之路和新亚欧大陆桥横贯全境，使甘肃成为西北地区连接中、东部地区的桥梁和纽带，成为贯通东亚与亚洲中部、西亚与欧洲之间的陆上交通通道。全省辖12个市、2个自治州，86个县（市、区），省会兰州是西北重要的交通枢纽，陇海、兰新、包兰、兰青和兰渝铁路在此交汇，也是石油天然气管道运输枢纽、国家级西北商贸中心。甘肃是一个多民族省份，拥有汉、回、藏、东乡、土、满、裕固、保安、蒙古、撒拉、哈萨克等55个民族，其中裕固、保安、东乡族是甘肃的独有民族。2014年末，全省常住人口2590.78万人，其中少数民族人口240余万人。

一、自然状况

（一）地质地貌

甘肃处于众多大地构造单元的交接带，主要大地构造单元有北山褶皱带、阿拉善台隆、祁连山褶皱带、鄂尔多斯地台、秦岭褶皱带和布尔汗布达褶皱带等。平均海拔高，大部分地区地势普遍向北倾斜。最高海拔阿尔金山主峰5798米，最低海拔文县罐子沟白龙江谷地550米，全省平均海拔1000～3000米。全省大致可分为陇南山地、陇中陇东黄土高原、甘南高原、河西走廊、祁连山地和北山山地六大地形区。

（二）气候特征

甘肃以温带大陆性气候特征为主，温差大、无霜期短。全省分为8个气候区，陇南南部河谷北亚热带湿润区、陇南北部暖温带湿润区、陇中南部冷温带半

① 该部分内容引自《甘肃省主体功能区规划》（2012年7月），并对其中的部分数据做了更新。

湿润区、陇中北部冷温带半干旱区、河西走廊冷温带干旱区、河西西部暖温带干旱区、祁连山高寒半干旱半湿润区和甘南高寒湿润区。全省平均年气温为7.8℃，各地年平均气温在0℃～14.8℃，气温年较差在20℃～34℃，日较差在8℃～16℃。气候干旱，降水量偏少，全省各地年降水量在42～757毫米，大致从东南向西北递减，其中河西为157.9毫米，河东为481.9毫米。部分地区多大风，河西走廊年平均风速可达2.1～4.5米/秒，局部地区大风日数达30～70天。地表水分、光热等组合类型多样，地域分异特征明显。

（三）水资源

甘肃地处黄河、长江和内陆河三大流域，分属12个水系[①]。全省多年平均水资源总量为289.4亿立方米，其中地表水资源量282.1亿立方米，占水资源总量的97.4%；纯地下水资源量7.3亿立方米，占水资源总量的2.6%。按流域划分，黄河流域多年平均水资源总量为127.8亿立方米，占全省水资源总量的44.1%；长江流域多年平均水资源总量为100.4亿立方米，占全省水资源总量的34.7%；河西内陆河多年平均水资源总量为61.3亿立方米，占全省水资源总量的21.2%。

（四）土地资源

甘肃是一个多山地高原、少平原川地的省份。按地形划分，山地约占国土面积的25.97%，高原约占29.50%，川地约占29.61%，戈壁沙漠约占14.99%。按土地类型划分，耕地约5.4万平方公里，约占12.7%；森林约6.36万平方公里，占14.95%；草原约14.2万平方公里，占33.35%；水域约0.75万平方公里，占1.76%。复杂多样的地形及气候水热组合，形成了不同的土壤类型。全省由东南向西北依次分为北亚热带森林土壤、暖温带森林土壤、森林草原土壤、温带草原土壤、高原土壤以及以祁连山和甘南高原为主的高寒土壤类型区。

（五）矿产资源

甘肃是全国矿产资源相对富集的省区之一，河西地区以黑色、有色金属及化工非金属矿产为主；中部地区是有色金属及建材矿产的聚集区；陇南地区是有色金属和黄金的富集区。截至2008年，全省已发现各类矿产178种（含亚矿种），矿产地1123处。现已探明储量的矿产有110种，其中镍、钴、铂族、硒矿、铸型用黏土等10种矿产储量居全国第一位，32种居前五位，60种居前十位。

（六）能源资源

甘肃能源资源较为丰富，石油资源集中分布在玉门和长庆两个油区，累计探明石油地质储量12.4亿吨；煤炭保有储量120亿吨，主要集中在陇东及中部地区，少量分布于河西地区。省内水能资源丰富，全省可供开发利用的水能资源

①三大流域12个水系：黄河流域为黄河干流、洮河、湟水、泾河、渭河、洛河6个水系；长江流域为嘉陵江、汉江2个水系；内陆河流域为石羊河、黑河、疏勒河和哈尔腾河苏干湖4个水系。全省河流中年径流量大于1亿立方米的河流有78条。

1205万千瓦，已开发的水电总装机容量为558万千瓦。风能资源理论储量2.37亿千瓦，技术可开发量4000万千瓦。全省年日照时数1700～3300小时，太阳总辐射量在4800～6400兆焦/平方米，分布趋势自西北向东南逐渐减弱，其中河西地区是全省太阳能最丰富地区，年太阳总辐射量为5800～6400兆焦/平方米，具有开发建设大型风能、太阳能基地的良好条件。

（七）植被分布

全省分属中国—日本森林植物亚区、中国—喜马拉雅森林植物亚区、青藏高原植物亚区和亚洲荒漠植物亚区等四个植物亚区，受纬度、气候和地貌等自然因素影响，植被从南到北大部分呈明显的纬度地带性分布。森林植被面积狭小，主要分布于祁连山、陇南山地和甘南高原边缘山地的特定高度层带，林带以下为草原或荒漠草原，林带以上为高山草甸、亚冰雪稀疏植被与高山冰雪带。荒漠植被分布广泛，主要在河西地区、陇中北部和柴达木盆地北部苏干湖流域。

（八）自然灾害

甘肃是一个自然灾害多发的省份，灾害种类多，区域性和季节性强，旱灾、暴洪、霜冻、冰雹、大风、沙尘暴、干热风等自然灾害频发，泥石流、滑坡等地质灾害常有发生。气象、地质灾害是影响全省经济社会发展和生态环境的主要自然灾害。全省4/5以上国土面积位于Ⅶ度以上地震高烈度区，地震活动分布广、频度高、强度大、震害重。

二、经济社会发展现状①

“十二五”以来，面对错综复杂的国内外环境和艰巨繁重的改革发展稳定任务，在党中央、国务院的正确领导下，省委、省政府全面贯彻落实党的十八大和十八届三中、四中、五中全会精神，深入贯彻习近平总书记系列重要讲话精神，特别是习近平总书记视察甘肃时提出的“八个着力”要求，团结带领全省各族人民，抢抓发展机遇，牢牢扭住建设幸福美好新甘肃、与全国一道全面建成小康社会奋斗目标，统筹推进“五位一体”和党的建设各项事业。在顶层设计上科学谋划，在攻坚克难上勇于担当，在补齐短板上主动作为，在干事创业上凝心聚力，谱写了甘肃发展浓墨重彩的崭新篇章，陇原大地发生了历史性的巨大变化。

（一）综合实力实现重大跨越

紧紧抓住面临的一系列难得发展机遇，有效应对各种风险挑战，推动经济持续健康发展，2015年全省生产总值达到6790.32亿元，五年年均增长10.55%，人均生产总值达到26165元（超过4000美元），迈入了工业化加速发展的中期阶段。全省固定资产投资年均增长23.7%，五年累计完成固定资产投资3.2万亿元。一般公共预算收入和支出实现双翻番，分别达到743.9亿元和2964.6亿元。

① 摘引自《甘肃省国民经济和社会发展第十三个五年规划纲要》。

金融机构存贷款余额分别达到1.63万亿元和1.37万亿元。粮食生产实现“十二连丰”，总产量稳定在1000万吨以上。城镇化率达到43.19%，年均提高1.41个百分点。

（二）扶贫攻坚取得重大突破

深入实施“1236”扶贫攻坚行动，按照新的扶贫标准，全省贫困人口由2011年底842万人减少到2015年底317万人，五年减少贫困人口525万人，贫困发生率由2011年40.5%下降到2015年15%，贫困地区农民人均纯收入预计由2010年2599元增加到2015年5436元，探索出了一条具有甘肃特色的精准扶贫精准脱贫路子。

（三）结构调整出现重大转变

坚持把转方式、调结构放在更加重要位置，大力实施战略性新兴产业发展总体攻坚战，以新能源和新能源装备制造、新材料、生物医药、文化旅游为重点的新兴产业加快发展，酒泉千万千瓦级风电基地建设目标如期实现，酒泉至湖南±800千伏特高压直流输电工程开工建设，全省风电、光电装机达到1252万千瓦和610万千瓦，位居全国第二位和第一位。生物医药和文化产业年均分别增长20%左右和25.9%，战略性新兴产业增加值占生产总值比重提高到12.1%。第三产业比重超过第二产业，三次产业比重调整为14.1：36.7：49.2。科技创新成效显著，科技进步贡献率达到50.3%。节能减排目标全面实现。非公经济占生产总值的45.8%，年均提高1.52个百分点。

（四）战略平台发挥重大作用

着眼当前立足长远，根据省情实际，争取国家批复并全力建设以兰州新区、循环经济示范区和兰白科技创新改革试验区为重点的经济战略平台，以丝绸之路（敦煌）国际文化博览会和华夏文明传承创新区为重点的文化战略平台，以国家生态安全屏障综合试验区为重点的生态战略平台。兰州新区生产总值达到125亿元，是2012年的2.23倍。循环经济示范区建设目标基本实现，全省实施循环经济项目3729个，总投资达4598亿元。全省文化产业增加值年均增长25.9%。国家生态安全屏障综合试验区确定的52个重大生态工程加快实施，石羊河流域重点治理任务全面完成，敦煌、祁连山、“两江一水”、渭河源区等重大生态保护与综合治理规划获得国家批准。国家级战略平台不仅对即期增长也对长远发展起到了重要的牵引和支撑作用。

（五）基础设施条件发生重大变化

全力组织实施“6873”交通突破行动，铁路、公路、航空、水运等综合交通运输体系建设步伐加快。全省公路网总里程达到14.01万公里，比2010年新增2.12万公里，高速公路通车里程达到3600公里，实现省际主要通道和市州所在地通高速公路、县城通二级以上公路，所有乡镇和82%的建制村通沥青（水泥）路。第一条高铁兰新铁路第二双线建成运营，西平、天平铁路以及兰州北编组站、兰州西客站等建成投运，新增铁路运营里程1334公里，总运营里程达到4245公里。金昌、张掖、夏河支线机场建成通航，中川二期、庆阳等机场改扩建工程全面完成，全省通航机场达到8个，年客运量突破900万人次。引洮一期、靖远双永供水、引洮入潭等工程建成通水，引洮二期、黄河甘肃段防洪工程开工建设。

（六）人民生活得到重大改善

着力抓好“十大民生工程”，财政用于民生的投入占财政支出的77%以上。城乡居民人均收入分别达到23767元和6936元，年均增长11.5%和13.1%，高于经济增速。五年累计新增城镇就业196.7万人，建立城乡居民养老保险制度并实现全覆盖，城市低保、农村低保标准分别比2010年提高86.3%、186.4%，城乡三项基本医疗保险参保率达到97%以上，城市居民大病保险全面实施。社会救助和福利体系更加完善，覆盖面不断扩大。建成城镇保障性安居工程81.87万套（户），改造农村危房95万户。“两基”攻坚目标圆满实现，学前教育和高中阶段教育毛入学率超过全国平均水平，高等教育大众化水平进一步提高，中等职业教育在全国率先实现全部免除学费。舟曲泥石流、东乡县城滑坡等灾后恢复重建任务全面完成，岷县、漳县地震灾后恢复重建任务基本完成。兰州等重点城市大气污染综合治理取得显著成效，全省环境质量持续改善，人民群众获得感和幸福感进一步提升。

（七）改革开放迈出重大步伐

经济体制、政治体制、文化体制、社会体制、生态文明体制和党的制度建设改革全面推进，行政审批制度改革、国资国企改革、投融资体制改革和促进非公经济发展等取得新进展，取消、调整和下放行政审批事项1042项，削减幅度达到90%以上，全部取消非行政许可审批事项。农村集体土地所有权、集体建设用地使用权、农村宅基地使用权确权登记颁证工作基本结束，农村土地承包经营权确权登记颁证全面推开，完成集体林权制度主体改革任务，就业、教育、卫生等民生事业领域的改革稳步推进。统筹对内对外开放，与33个国家建立52对国际友好城市，兰州新区综合保税区、武威保税物流中心封关运行，金昌海关正式开关，兰州、敦煌航空口岸对外开放，开通16条国际和地区航线，“天马号”“兰州号”国际货运班列实现常态化运营，开放型经济加快发展。

三、空间开发综合评价

（一）区位独特，战略位置很重要

甘肃毗邻蒙古、维吾尔、藏、回等少数民族聚集地区，连接新疆、内蒙古、宁夏三个少数民族自治区及广大藏区，在维护国土安全、促进各民族共同发展、巩固边疆等方面发挥着重要的作用。甘肃是黄河上游、长江上游和河西内陆河流域的重要水源涵养补给区和生态屏障，对于保障西北乃至全国生态安全具有重要地位。陇海、兰新、包兰、兰青、宝中和兰渝等铁路干线贯穿全境，西兰、兰新、包兰、甘川、甘青等国道干线公路交汇于甘肃省，是连通内地、连接西北西南和通往新疆、西藏以及中亚的交通枢纽和经济通道，战略位置十分重要。

（二）土地广阔，但适宜开发面积少

全省土地总面积居全国第七位，人均占用土地量居全国第五位，耕地面积居全国第十一位。全省土地总面积42.58万平方公里。根据2012年1月1日至2012年12月31日土地利用现状变更调查，主要地类面积及地类构成情况为：农用地2544.87万公顷（38173.01万亩），占土地总面积的59.77%；建设用地101.43万公顷（1521.32万亩），占土地总面积的2.38%；未利用地1611.7万公顷（24175.5万亩），占土地总面积的37.85%。全省土地利用率为62.15%，尚未利用的土地占全省总土地面积的37.85%。在未利用的土地当中，沙漠、裸地、冰川及永久积雪、盐碱地、沼泽等，占未利用土地的81%左右。受地形、气候、水资源等因素的制约，全省可开发利用土地空间分布极不平衡，可利用土地面积小，后备土地资源有限。

（三）水资源短缺，时空分布不均衡

甘肃是全国水资源缺乏和最为干旱的省份之一。全省自产水资源量居全国第29位，人均水资源占有量仅为全国人均占有量的1/2，耕地亩均水资源量占全国的1/4。全省多年平均降水量为277毫米，降水量时空分布不均，河西内陆河流域为130.4毫米，局部地区仅有30～50毫米，黄河流域为463.0毫米，长江流域为599.4毫米。黄河、长江、内陆河三大流域水资源总量分别占全省水资源总量的44%、35%和21%，土地面积分别占全省的32%、8%和60%，人口分别占全省的69%、13%和18%。全省水资源短缺和空间分布不平衡的矛盾十分突出，2008年全省需水量为136亿立方米，供需缺口约13亿立方米。

（四）生态脆弱，系统功能退化

甘肃以高原性地质地貌为主，自然条件严酷，是我国生态最为脆弱的地区之一。甘南高原水源涵养功能降低，湿地面积减少，草场退化；陇中陇东黄土高原沟壑发育，土地侵蚀，水土流失严重；陇南山地植被退减、自然生态修复功能下降，地质灾害频繁发生，生物多样性保护面临巨大压力；河西内陆河流域祁连山冰川萎缩、雪线上升，地下水位下降，沙漠和沙尘源地扩大。土壤侵蚀严重，据全国第二次土壤侵蚀遥感调查，涉及全省10个市州的61个县市区，总面积达11.80万平方公里。

（五）类型多样，区域发展不平衡

甘肃自然环境类型多样、差异大。受自然条件和资源环境及经济社会发展等因素的影响，全省经济布局主要在陇海兰新铁路沿线地区，集中了全省60%的经济总量，而占全省总人口60%的陇东陇南地区仅占全省经济总量的30%左右，经济布局与人口分布不对称，地区间发展水平和差距不断扩大。

四、面临的形势与挑战

甘肃省国土空间开发必须把握好以下趋势和挑战：

一是面临资源环境约束增强的新挑战。甘肃省是一个自然资源禀赋条件较差的省份，水资源短缺、可开发利用土地资源有限、生态环境脆弱是长期制约甘肃经济社会发展的突出矛盾。资源原材料为主的重型工业结构和粗放的增长方式加剧了资源“瓶颈”约束，严峻的生态环境限制着资源的开发利用空间，全省经济社会发展面临资源保障支撑和生态环境约束的双重制约。

二是面临经济社会加快发展的新要求。随着国家西部大开发战略的不断推进，国家宏观调控和基本公共服务均等化等政策的继续实施，交通、能源等基础设施建设步伐加快，农业基础设施条件不断改善，城市化和工业化进程明显加快。同时，甘肃省经济社会发展水平低，同发达地区相比差距仍在扩大。在国家大力支持和自身努力下，继续加强基础设施和生态环境建设，加快发展特色优势产业，努力提高城乡人民生活水平，促进经济社会又好又快发展，将是甘肃省长期的重大任务。

三是面临构建合理空间开发格局的新形势。甘肃省正在加快推进全面小康社会建设，未来5～10年全省城乡居民消费结构将进入快速升级的阶段。随着人口的增加、城乡居民消费水平的提高、城市化和工业化进程的加快，在改善居民生活条件、保障农产品供给、产业发展、加强生态建设和环境保护等方面都提出了新的需求，要求合理扩大城市空间，增大生态用地，优化农业和农村用地结构，进一步加快城市基础设施建设，改善城乡居民居住环境，促进并形成合理的空间开发格局。

第三章　甘肃省国土空间开发格局与优化重点[①]

甘肃地域广阔，独特的地理位置和版图形态，形成了极富特色的甘肃省域国土空间开发格局，而且每一类国土空间具有特定的开发重点、开发方式及其开发强度。总体上，根据主体功能区规划，将甘肃国土空间划分为重点开发区域、限制开发区域和禁止开发区域，这是从开发方式上的划分。从开发内容上讲，可以划分为城市化区域、农业生产区域、重点保护区域以及禁止开发区域。那么，每一类的空间类型开发方式和评判标准不一样。比如，城镇化区域讲究科学开发，提高经济发展效率和空间利用效率；农业生产空间讲究农业生产效率和农业的可持续发展与国家粮食安全问题；对于重点生态功能区而言，开发是次要的，关键是保护并提供相应的生态产品，但也有一部分的人类生产活动与生活活动对生态区域造成一定的影响，也要讲究相应的开发强度；禁止开发区域，顾名思义，那就是严格保护，开发是被禁止的。

一、甘肃省国土空间开发总体格局

主体功能区划分是基于不同区域的资源环境承载能力、现有开发强度和发展潜力等，将特定区域确定为特定主体功能定位类型的空间开发单元。全省主体功能区的划分，以县级行政区为基本单元，以可利用土地资源、可利用水资源、生态系统脆弱性、生态重要性、自然灾害危险性、环境容量、人口集聚度、经济发展水平、交通可达性及战略选择等综合评价为依据，科学划分不同类型主体功能区。

（一）国家规划的四类主体功能区定位

1. 优化开发区域

优化开发区域，是指国土开发密度已经较高、资源环境承载能力开始减弱的区域。要改变依靠大量占用土地、大量消耗资源和大量排放污染实现经济较快增

① 该部分内容引自《甘肃省主体功能区规划》（2012年7月），并对其中的部分数据做了更新。

长的模式，把提高增长质量和效益放在首位，提升参与全球分工与竞争的层次，成为带动全国经济社会发展的龙头和参与经济全球化的主体区域。

2. 重点开发区域

重点开发区域，是指资源环境承载能力较强、经济和人口集聚条件较好的区域。要充实基础设施，改善投资创业环境，促进产业集群发展，壮大经济规模，加快工业化和城镇化，承接优化开发区域的产业转移，承接限制开发区域和禁止开发区域的人口转移，逐步成为支撑全国经济发展和人口集聚的重要区域。

3. 限制开发区域

限制开发区域，是指资源承载能力较弱、大规模集聚经济和人口条件不够好，关系农产品供给安全和较大范围生态安全的区域。要坚持保护优先、适度开发、点状发展，因地制宜发展资源环境可承载的特色产业，加强生态修复和环境保护，引导超载人口有序转移，逐步成为全国或区域性的重要生态功能区。

4. 禁止开发区域

禁止开发区域，是指依法设立的各级各类自然文化资源保护区域，以及其他禁止进行工业化城镇化开发、需要特殊保护的重点生态功能区。国家层面禁止开发区域，包括国家级自然保护区、世界文化自然遗产、国家级风景名胜区、国家森林公园和国家地质公园。省级层面的禁止开发区域，包括各级各类自然文化资源保护区域、基本农田以及其他省级人民政府根据需要确定的禁止开发区域。要依据法律法规规定和相关规划实行强制性保护，控制人为因素对自然生态的干扰，严禁不符合主体功能定位的开发活动。

（二）国家主体功能区规划覆盖甘肃省的区域

1. 进入国家重点开发区域的地区

《全国主体功能区规划》共划分了18个重点开发区域，其中甘肃省天水的部分地区划入国家关中—天水重点开发区域范围，兰州和白银划入国家兰州—西宁重点开发区域范围。

2. 进入国家限制开发区域的地区

《全国主体功能区规划》共划分为“七区二十三带”农产品主产区和25个国家重点生态功能区。其中甘肃省河西农产品主产区纳入甘肃新疆主产区范围；甘南黄河重要水源补给生态功能区、祁连山冰川与水源涵养生态功能区、长江上游“两江一水”流域水土保持与生物多样性生态功能区、陇东黄土高原丘陵沟壑水土保持生态功能区、石羊河下游生态保护治理区划入国家限制开发区域重点生态功能区范围。①

① 《全国主体功能区规划——构建高效、协调、可持续的国土空间开发格局》（国发〔2010〕46号）。

3.进入国家禁止开发区域的各类保护区

根据《全国主体功能区规划》，甘肃省进入国家禁止开发区域名录共计45处，面积约53903.7平方公里。其中国家级自然保护区15处，面积47874.01平方公里；世界文化自然遗产2处，面积459.7平方公里；国家级风景名胜区3处，面积679.3平方公里；国家森林公园21处，面积4344.02平方公里；国家地质公园4处，面积546.6平方公里。

（三）全省主体功能区的划分

按照省域国土空间全覆盖，与国家主体功能区规划以及相邻省区规划确定的相同类型区域数量、位置和范围上相一致的要求，全省86个县级行政区和嘉峪关市共87个作为基本评价单元，依据区域人口、经济和资源环境承载能力的综合分析评价，主体功能区共划分6个重点开发区域、4个限制开发农产品主产区、7个限制开发重点生态功能区、191处点状禁止开发区域。

二、甘肃省重点开发区格局与优化重点

（一）区域格局

根据《甘肃省主体功能区规划》，甘肃重点开发区呈现出“一横两纵六区”的分布格局，“一横”即为西陇海兰新经济带，“两纵”分别为呼包银—兰西拉经济带和庆阳—平凉—天水—成县徽县—武都经济带，“六区”分别为酒嘉地区、张掖（甘州—临泽）地区、金武地区、兰白地区、平庆地区和天成地区。其中，兰州—西宁区域的兰白（兰州—白银）地区为国家兰州—西宁重点开发区域的重要组成部分，地处西陇海兰新经济带中段和黄河沿岸，陇海、兰新、包兰、兰青、兰渝铁路和国主干线高速公路等主要交通通道交汇于此；关中—天水区域的天成（天水—成县、徽县）地区毗邻陕西关中平原，是国家西部大开发关中—天水经济区的重要组成部分，具有较强的地缘经济文化联系。

这六个重点开发区覆盖24个县市区，行政区面积4.81万平方公里，约占全省总面积的11.3%；扣除基本农田面积后为4.03万平方公里，约占全省的9.46%。经济总量约占全省生产总值的2/3，人均生产总值接近22000元，是全省人均水平的1.8倍左右，可见六个重点开发区的发展水平高于全省平均水平。

重点开发区域2008年人口925.13万人，约占全省总人口的35.2%；经济总量2000.62亿元，约占全省生产总值的62.99%，其中工业增加值为867.32亿元，约占全省的71.0%，人均生产总值21625.29元，为全省人均水平的1.79倍。截至2014年底，重点开发区域人口974.48万人，约占全省总人口的37.62%；经济总量3990.1亿元，约占全省生产总值的58.35%，其中工业增加值为1411.32亿元，约占全省的62.36%；人均生产总值为40946.14元，为全省平均水平的1.55倍。从2008至2014年的数据变化可以看出，全省人口在向重点开发区域集中的过程

中，重点开发区域生产总值与工业增加值占全省的比重在下降，人均生产总值与全国平均水平的偏离度也在下降，说明在全省工业化、城镇化的过程中，人口与产业集中逐步同步化，产业向重点开发区域集中的趋势在减缓，区域之间的发展差距在缩小。

表3-1　甘肃省重点开发区域范围

区域	范围	数量
1.兰州—西宁区域： 兰白（兰州—白银）地区	兰州市的城关区、七里河区、安宁区、西固区、红古区、皋兰县、榆中县，白银市的白银区、平川区	9
2.关中—天水区域： 天成（天水—成县、徽县）地区	天水市的秦州区、麦积区，陇南市的成县、徽县	4
3.酒嘉（酒泉—嘉峪关）地区	酒泉市的肃州区，嘉峪关市	2
4.张掖（甘州—临泽）地区	张掖市的甘州区、临泽县	2
5.金武（金昌—武威）地区	金昌市的金川区，武威市的凉州区	2
6.平庆（平凉—庆阳）地区	平凉市的崆峒区、华亭县、泾川县，庆阳市的西峰区、宁县	5
合计		24

资料来源：《甘肃省主体功能区规划》（2012年7月）。

表3-2　2014年重点开发区域国土开发现状

区域	土地面积		年末常住人口		生产总值		工业生产总值		人均GDP	
	绝对值（平方公里）	占全省比重（%）	绝对值（万人）	占全省比重（%）	绝对值（亿元）	占全省比重（%）	绝对值（亿元）	占全省比重（%）	绝对值（元/人）	占全省比重（%）
甘肃省	425835.7	100	2590.78	100.00	6836.82	100.00	2263.20	100.00	26433	100.00
兰白地区	10688.21	2.51	373.07	14.40	2068.26	30.25	673.10	29.74	55439	210.08
天成地区	10234.83	2.4	166.50	6.43	394.69	5.77	118.77	5.25	23706	89.83
酒嘉地区	4577.2	1.08	67.81	2.62	426.54	6.24	224.70	9.93	62903	238.37
张掖地区	6390.74	1.5	64.87	2.50	195.58	2.86	35.49	1.57	30150	114.25
金武地区	7967.37	1.87	124.08	4.79	450.86	6.59	197.89	8.74	36336	137.69
平庆地区	8244.41	1.94	178.15	6.88	454.17	6.64	161.36	7.13	25493	96.61
合计	48102.76	11.3	974.48	37.62	3990.10	58.36	1411.32	62.36	40946	155.16

数据来源：根据《甘肃省主体功能区规划》（2012年7月）与《甘肃发展年鉴2015》相关数据整理。

表3-3 2008—2014年重点开发区相关指标占全省比重变化

单位：%

区域	土地面积占全省比重（%）	人口占全省比重（%）		生产总值占全省比重（%）		工业增加值占全省平均水平（%）		人均GDP占全省平均水平（%）	
		208年	2014年	208年	2014年	208年	2014年	208年	2014年
全省	100	100.0	100.0	100.0	100.0	100.0	100.0	100.0	100.0
兰白地区	2.51	14.34	14.4	30.75	30.26	34.85	29.74	213.8	210.08
天成地区	2.4	6.4	6.43	5.65	5.77	5.54	5.25	88.0	89.83
酒嘉地区	1.08	2.59	2.62	8.03	6.24	14.63	9.93	308.92	238.37
张掖地区	1.5	2.51	2.50	2.84	2.86	1.60	1.57	113.06	114.25
金武地区	1.87	4.83	4.79	7.16	6.59	10.18	8.74	147.87	137.69
平庆地区	1.94	6.88	6.88	7.52	6.64	9.72	7.13	109.08	96.61
合计	11.3	37.56	37.62	61.96	58.36	76.53	62.36	164.53	155.16

资料来源：《甘肃省主体功能区规划》（2012年7月）以及《甘肃发展年鉴2015》相关数据整理。

（二）优化布局

根据《甘肃省新型城镇化规划》，城镇化布局格局的提法优化为“一群两带多组团”，“一群”即为中部城镇群，主要是依托兰州、白银和兰州新区为核心的兰白都市圈，以定西、临夏等所辖重点县城为节点，建设中部城市群，着力构建我国向西开放重要门户和次区域合作战略基地。“两带”分别为“以酒嘉、张临、金武城市组团为支撑，打造河西走廊城市带”和“以平庆、天成徽城市组团为支撑，打造陇东陇南城市带”，“多组团”分别为酒嘉城市组团、张临城市组团、金武城市组团、平庆城市组团和天成徽城市组团。重点开发区从内容上讲，就是城镇化区域，这种“一群两带多组团”城镇化布局，充分体现了全省不同重点开发区发展水平、发展规模和发展潜力上的区别，更能体现各个城市组团的发展特点。

（三）战略思路

根据《甘肃省主体功能区规划》，重点开发区域的功能定位为：“以基础设施为先导、特色优势产业为支撑、区域中心城市为依托，突出各自特色，加强优势互补，强化区域和区际联系，增强区域产业配套能力，形成若干产业高地，进一步壮大中心城市的经济规模，使之成为集聚经济和人口、参与国家产业分工和支撑全省经济持续增长的主体区域。”可见，重点开发区域的功能定位中最为核心的关键词主要是“产业基地”“中心城市”和“集聚经济”以及“产业分工”，转换一种思维方式，就是通过产业分工和产业集聚，促进产业集群发展，进一步提高发展效率，这样的发展思路符合经济发展一般规律。

根据《甘肃省主体功能区规划》，重点开发区域的发展方向为：“发挥区域综合优势，提升产业创新能力，促进要素集聚，加快建设具有特色的现代产业支柱；进一步推进城市化进程，提高城镇综合承载能力和人口集聚能力，建设生态宜居城市；充分发挥区域中心城市带动和辐射作用，加速推进区域经济一体化发展；大力推进优势产业融合，培育和发展新兴产业，构建优势产业集群，壮大经济规模；发展都市农业、城郊农业和观光农业，大力调整农业种植结构；加快区内资源整合，推动资源有效节约利用，大力发展循环经济；合理布局并突出产业园区建设，改善投资创业环境，积极承接产业和人口转移。”

根据《甘肃省主体功能区规划》，重点开发区域的主要目标为：“到2020年，全省重点开发区域生产总值占全省生产总值的75%以上，人口占全省的50%左右，城市化率达到60%以上，城市化地区空间人口密度达到每平方公里4500人以上；研究开发支出占重点开发区域生产总值的比重大大高于全省水平；万元生产总值能耗、水资源消耗、污染物排放达到全国平均水平。”对于这个发展目标，近年的发展实际是除了全省人口具有向重点开发区域集中和相应的增长趋势外，全省重点开发区域生产总值占全省生产总值的比重在逐渐下降，这也说明了农产品主产区的现代农业、重点生态功能区的旅游开发与保护、禁止开发区的文化产业发展取得了比较好的进展，全省各区域发展的协调程度在增强。但对于其他指标，则是今后主要的努力发展方向。

三、甘肃省农产品主产区格局与优化重点

（一）区域格局

甘肃农产品主产区呈现“一带三区”的格局特点，“一带”即为沿黄农业产业带，“三区”分别为河西农产品主产区、陇东农产品主产区和中部重点旱作农业区，其中，河西农产品主产区是甘肃新疆主产区的一部分，属于国家级的农产品主产区，这是甘肃唯一一处具有全国意义的农产品主产区。

“一带三区”农产品主产区涉及全省26个市县区，总面积11.01万平方公里，约占全省面积的25.86%，其中，耕地面积1.85万平方公里，约占全省耕地面积的34.1%。

从常住人口来讲，2008年底，“一带三区”农产品主产区总人口819.81万人，占全省总人口的31.19%；2014年底，总人口为792.11万人，占全省总人口比重为30.57%，总人口比2008年减少27.7万人，比重比2008年降低0.62个百分点。

从生产总值来讲，2008年底，“一带三区”农产品主产区生产总值为539.76亿元，占全省生产总值的16.99%；2014年，“一带三区”农产品主产区生产总值及其所占全省的比重分别为1200.98亿元和17.57%，生产总值比2008年增加661.22亿元，比重增加0.58个百分点。

从工业增加值来讲，2008年底，“一带三区”农产品主产区工业增加值为142.04亿元，占全省生产总值的11.62%；2014年，“一带三区”农产品主产区工业增加值及其所占全省的比重分别为309.44亿元和13.67%，工业增加值比2008年增加167.4亿元，比重增加2.05个百分点。相对而言，“一带三区”农产品主产区工业增加值的增加幅度大于生产总值的增加幅度，说明工业化进程在加快，工业化程度在加深。

从人均生产总值来讲，2008年底，“一带三区”农产品主产区人均生产总值为6583.96元，为全省平均水平的54.37%；2014年底，人均生产总值为15161.81元，为全省平均水平的57.36%，人均生产总值和比重分别比2008年提高8577.85元和2.77个百分点。

从粮食生产来讲，2008年底，“一带三区”农产品主产区粮食生产总量287.55万吨，为全省平均水平的32.36%；2014年底，粮食生产总量为373.43万吨，占全省粮食生产总量的32.23%，粮食生产总量比2008年增加85.88万吨，比重降低0.13个百分点。

表3-4 甘肃省农产品主产区范围

类型区	范围	数量
1.沿黄农业产业	临夏州的临夏市、永靖县，白银市的景泰县、靖远县	4
2.河西农产品主产区	张掖市的高台县、肃南县北部区块*，酒泉市的金塔县、玉门市、瓜州县	4
3.陇东农产品主产区	庆阳市的合水县、正宁县，平凉市的灵台县、崇信县	4
4.中部重点旱作农业区	定西市的安定区、临洮县、陇西县、渭源县、漳县、岷县，天水市的甘谷县、武山县、秦安县、清水县，陇南市的西和县、礼县，临夏州的广河县、东乡县	14
合计		26

*注：肃南县北部区块作为肃南县级行政单元的部分地区，不作为独立评价单元。

资料来源：《甘肃省主体功能区规划》（2012年7月）。

表3-5　2014年农产品主产区国土开发现状

指标	区域	全省	沿黄农业产业带	河西农产品主产区	陇东农产品主产区	中部重点旱作农业区	合计
土地面积	绝对值（平方公里）	425835.7	13091.00	57897.81	7089.22	32034.96	110113
	占全省比重（%）	100.00	3.07	13.60	1.67	7.52	25.86
年末常住人口	绝对值（万人）	2590.78	114.20	60.59	61.56	555.76	792.11
	占全省比重（%）	100.00	4.41	2.34	2.38	21.45	30.57
生产总值	绝对值（亿元）	6836.82	210.93	315.81	138.86	535.38	1200.98
	占全省比重（%）	100.00	3.09	4.62	2.03	7.83	17.57
工业增加值	绝对值（亿元）	2263.20	46.32	110.32	75.83	76.96	309.44
	占全省比重（%）	100.00	2.05	4.87	3.35	3.40	13.67
人均生产总值	绝对值（元/人）	26433.0	18471.11	52121.97	22556.64	9633.26	15161.81
	占全省比重（%）	100.00	69.88	197.19	85.34	36.44	57.36
粮食产量	绝对值（万吨）	1158.65	53.10	32.65	44.99	242.69	373.43
	占全省比重（%）	100.00	4.58	2.82	3.88	20.95	32.23

资料来源：根据《甘肃发展年鉴2015》相关数据整理。

表3-6　农产品主产区相关指标占全省比重变化

单位:%

指标＼区域		全省	沿黄农业产业带	河西农产品主产区	陇东农产品主产区	中部重点旱作农业区	合计
土地面积		100	3.07	13.6	1.67	7.52	25.86
年末常住人口	2008年	100	4.24	2.31	2.73	21.91	31.19
	2014年	100	3.07	13.6	1.67	7.52	25.86
生产总值	2008年	100	3.2	5.12	1.55	7.12	16.99
	2014年	100	3.09	4.62	2.03	7.83	17.57
工业增加值	2008年	100	2.21	5.98	0.79	2.64	11.62
	2014年	100	2.05	4.87	3.35	3.4	13.67
人均生产总值	2008年	100	75.41	221.23	56.69	32.43	54.37
	2014年	100	69.88	197.19	85.34	36.44	57.36
粮食产量	2008年	100	4.71	2.85	4.31	20.49	32.36
	2014年	100	4.58	2.82	3.88	20.95	32.23

资料来源：《甘肃省主体功能区规划》（2012年7月）以及《甘肃发展年鉴2015》相关数据整理。

（二）优化重点

根据《甘肃省主体功能区规划》，甘肃“一带三区”的农产品主产区的优化重点包括：一是坚持最严格的耕地保护制度，对基本农田按禁止开发区域要求进行管制，这是对农业生产的先决条件——基本农田的规定，体现的是底线思维和红线思维；二是优化农业区域布局和农业资源开发方式，在布局上提出要推进优势产业向优势产区集中，目标在于提高保障农产品供给能力；三是加强农业基础设施建设，提高农业装备水平，促进现代农业发展，这是在农业的发展方式上强调要推进农业现代化，提高农业生产效率；四是加快发展与资源环境承载能力相适应的农产品加工业、休闲农业和乡村旅游，拓宽非农就业空间和增收领域，这是从延长农业产业链条和乡村旅游业的视角，多措并举，拓宽农民增收渠道和提高收入水平；五是从新型城镇化的视角，遵循城镇化规律，引导城镇有序发展和农村劳动力就地转移，目的在于顺应农民向往城市、进入城市的愿望和趋势，因势利导，减少农民，也为土地集中经营和农业现代化提供条件。

四、甘肃省重点生态功能区格局与优化重点

（一）区域格局

甘肃重点生态功能区呈现“三屏四区”的格局特点，“三屏”分别为以祁连山冰川与水源涵养生态功能区为主的河西内陆河上游生态屏障、以甘南黄河重要水源补给生态功能区为主的黄河上游生态屏障和以“两江一水”流域水土保持与生物多样性生态功能区为主的长江上游生态屏障，这三大屏障均为国家级的，具有全国意义；“四区”分别为陇东黄土高原丘陵沟壑水土保持生态功能区、石羊河下游生态保护治理区、肃北北部荒漠生态保护区与敦煌生态环境和文化遗产保护区，其中陇东黄土高原丘陵沟壑水土保持生态功能区、石羊河下游生态保护治理区为国家级生态功能区。

表3-7　甘肃省重点生态功能区范围

类型区	范围	数量
1.甘南黄河重要水源补给生态功能区	甘南州的合作市、夏河县、碌曲县、玛曲县、卓尼县、临潭县，临夏州的临夏县、和政县、康乐县、积石山县	10
2.长江上游“两江一水”流域水土保持与生物多样性生态功能区	陇南市的武都区、宕昌县、文县、康县、两当县，甘南州的迭部县、舟曲县	7
3.祁连山冰川与水源涵养生态功能区	酒泉市的阿克塞县、肃北县(不包括北部区块)，张掖市的肃南县(不包括北部区块)、民乐县、山丹县，金昌市的永昌县，武威市的古浪县、天祝县，兰州市的永登县和中牧山丹马场特别区	9
4.石羊河下游生态保护治理区	武威市的民勤县	1
5.敦煌生态环境和文化遗产保护区	酒泉市的敦煌市	1
6.陇东黄土高原丘陵沟壑水土保持生态功能区	庆阳市的庆城县、镇原县、环县、华池县，平凉市的庄浪县、静宁县，白银市的会宁县，定西市的通渭县，天水市的张家川县	9
7.肃北北部荒漠生态保护区	肃北县北部马鬃山镇	
	合计	37

注：肃北北部马鬃山镇作为肃北县级行政单元的部分地区，不作为独立评价单元。

资料来源：《甘肃省主体功能区规划》（2012年7月）。

"三屏三区"的重点生态功能区涉及37个县市区，面积26.76万平方公里，约占全省总面积的62.84%。

从常住人口来讲，2008年底，"三屏三区"的重点生态功能区总人口883.18万人，占全省总人口的33.61%；2014年底，"三屏三区"的重点生态功能区（不含肃北北部荒漠生态保护区）总人口为782.53万人，占全省总人口比重为30.20%。

从生产总值来讲，2008年底，"三屏三区"的重点生态功能区生产总值为635.73亿元，占全省生产总值的20.02%；2014年，"三屏三区"的重点生态功能区（不含肃北北部荒漠生态保护区）生产总值及其所占全省的比重分别为1375.70亿元和20.12%。

从工业增加值来讲，2008年底，"三屏三区"的重点生态功能区工业增加值为212.3亿元，占全省生产总值的17.38%；2014年，"三屏三区"的重点生态功能区（不含肃北北部荒漠生态保护区）工业增加值及其所占全省的比重分别为470.50亿元和20.79 %。

从人均生产总值来讲，2008年底，"三屏三区"的重点生态功能区人均生产总值为7198.19元，为全省平均水平的59.44%；2014年底，"三屏三区"的重点生态功能区（不含肃北北部荒漠生态保护区）人均生产总值为17580.3元，为全省平均水平的66.51%。

表3-8　2014年重点生态功能区国土开发现状

指标 区域	土地面积		人口		生产总值		工业增加值		人均生产总值	
	绝对值（平方公里）	占全省比重（%）	绝对值（万人）	占全省比重（%）	绝对值（亿元）	占全省比重（%）	绝对值（亿元）	占全省比重（%）	绝对值（元）	占全省比重（%）
全省	425835.7	100	2590.78	100	6836.82	100	2263.2	100	26433	100
甘南黄河重要水源补给生态功能区	33031.24	7.76	152.47	5.89	178.21	2.61	27.83	1.23	11688	44.22
长江上游"两江一水"流域水土保持与生物多样性生态功能区	25060.01	5.88	146.32	5.65	173.30	2.53	20.43	0.90	11844	44.81

续表 3-8

区域 \ 指标	土地面积		人口		生产总值		工业增加值		人均生产总值	
	绝对值(平方公里)	占全省比重(%)	绝对值(万人)	占全省比重(%)	绝对值(亿元)	占全省比重(%)	绝对值(亿元)	占全省比重(%)	绝对值(元)	占全省比重(%)
祁连山冰川与水源涵养生态功能区	107352.84	25.21	124.71	4.81	314.64	4.60	122.45	5.41	25230	95.45
石羊河下游生态保护治理区	15835.15	3.72	24.11	0.93	64.41	0.94	15.21	0.67	26715	101.07
敦煌生态环境和文化遗产保护区	26718.15	6.27	18.85	0.73	100.65	1.47	21.51	0.95	70486	266.66
陇东黄土高原丘陵沟壑水土保持生态功能区	32722.56	7.68	314.92	12.16	541.90	7.93	261.14	11.54	17207	65.10
肃北北部荒漠生态保护区	26900.00	6.32	—	—	—	—	—	—	—	—
合计	267619.95	62.84	781.39	30.16	1373.12	20.08	468.57	20.70	17573	66.48

注：肃北北部马鬃山镇作为肃北县级行政单元的部分地区，不作为独立评价单元。

资料来源：根据《甘肃发展年鉴2015》相关数据整理。

（二）优化重点

《甘肃省主体功能区规划》关于重点生态功能区的定位："生态功能区要以修复生态、保护环境、提供生态产品供给为主要任务，增强提供水源涵养、水土保持、防风固沙、维护生物多样性等生态产品的能力，引导生态脆弱地区人口有序转移。在突出生态功能和环境保护的前提下，科学界定部分区域的农牧业生产规模，因地制宜发展资源环境可承载的林下产业、旅游业、服务业等特色产业。"其中最为关键的就是要处理好开发与保护的关系。需要进一步明确的是，主体功能区规划中所提的"开发"二字，专指大规模、高强度的城镇化与工业化过程，并不是不要城镇化，关键是要选择合适的方式和路径。

五、甘肃省禁止开发区格局与优化重点①

（一）区域格局

根据《甘肃省主体功能区规划》，禁止开发区域包括191处点状分布国家和省级各类自然保护区、世界文化自然遗产、风景名胜区、森林公园、地质公园、饮用水源地保护区和基本农田。其中国家和省级自然保护区54处；世界文化自然遗产2处；国家和省级风景名胜区23处；国家和省级森林公园82处；国家和省级地质公园21处；国家和省级湿地及湿地公园9处；基本农田3.857万平方公里（5785.5万亩）。禁止开发区域总面积7.58万平方公里，约占全省总面积的17.81%。2008年，禁止开发区域人口74.6万人，约占全省总人口的2.84%，经济总量181.63亿元，约占全省生产总值的5.72%。

（二）优化重点

从功能上讲，甘肃省禁止开发区是点状分布的生态功能区，文化自然遗产保护的重要区域，珍稀动植物基因资源保护地。

从发展方向讲，需要完善相关法规、政策和加强管理，严格禁止人类活动对自然文化遗产的干扰与破坏，实施强制性保护，有限发展与禁止开发区域功能定位相容的相关产业，保护自然遗产和文化遗产。严格保护基本农田。具体来讲，包括：

一是加强各类保护区建设。严格依法设立各类保护区，加强对各类保护区的监管和保护措施的落实，完善生态补偿机制，提高公共财政支持比例，加大保护区的投入力度。

二是促进生态自然修复。将生态保护和异地扶贫开发结合起来，实施生态移民，引导保护区域人口有序转移，减少人为干扰和大规模开发活动对生态环境的影响。对暂不具备治理条件、生态区位重要的集中连片沙化土地，实行封禁保护。

三是合理利用土地和严格保护基本农田。加强土地开发项目管理，不断落实完善耕地和基本农田保护责任制度。积极推进林地利用管制，引导节约集约使用林地。

四是提高人民生活水平，大幅度减少贫困人口。以实现基本公共服务均等化为目标，加大财政转移支付力度，较大幅度增加教育、医疗卫生和基础设施投入，改善生产生活条件，贫困人口数量大幅度减少，人民生活水平接近全省平均水平。

（三）管制原则

一是依据法律法规管制原则。禁止开发区域要依据法律法规规定和相关规划

① 这部分内容主要摘引自《甘肃省主体功能区规划》（2012年7月）。

实施强制性保护。分级编制各类禁止开发区域保护规划，明确保护目标、任务、措施及资金来源，并依照规划逐年实施。

二是区域分类管理管制原则。按照全国和甘肃省主体功能区规划及各类法定规划的要求，界定各类禁止开发区域的范围，完善国家和省级各类保护区相关规定和标准，对已设立区域划定范围不符合规定和标准的，按照相关法律法规和法定程序报原审批单位进行调整。进一步界定各类保护区中核心区、缓冲区、实验区的范围，进行分类管理和保护。

三是引导人口有序转移原则。依据各类保护区规划，严格控制人为因素对自然生态的干扰，引导人口有序转移，实行生态自然修复和保护。

四是协调发展原则。按照全面保护和合理利用的要求保持禁止开发区域的原生态，利用资源优势，发展生态旅游、畜牧业和林下产业等适宜产业。通过完善财政转移支付，逐步实现基本公共服务均等化，提高保护区人民群众的生活水平，促进区域协调发展。

第四章　甘肃省优化国土空间开发格局的举措与成效

一、主要举措

（一）将甘肃生态之美提升到国家战略

根据《全国主体功能区规划》中的“国家生态安全战略格局示意图”，甘肃北部涉及国家北方防沙带建设，西南部是青藏高原生态屏障的组成部分，东部和东南部被纳入青藏高原—川滇生态屏障区域范围，所以甘肃在防风固沙、水源涵养、水土保持等方面的工作具有全国意义。2014年1月国务院通过的《甘肃省加快转型发展建设国家生态安全屏障综合试验区总体方案》就是对甘肃生态价值具有国家意义的肯定，也标志着甘肃省生态战略平台正式上升为国家战略。

（二）空间规划体系进一步健全

在制度建设方面，甘肃省及时出台了《甘肃省主体功能区规划》（2012年）。《甘肃省主体功能区规划》是一部战略性、基础性和约束性的规划，是制定国民经济和社会发展规划、人口规划、区域规划、城市规划、土地利用规划、环境保护规划、生态建设规划、流域综合治理规划、水资源综合利用规划以及交通、能源等基础设施建设和重大生产力布局等的重要依据。另外，全省也编制出台了《甘肃省生态保护规划（2014—2020年）》《甘肃新型城镇化规划（2014-2020）》、“两江一水”区域综合治理规划、祁连山水源涵养区生态环境保护与综合治理等规划，为优化国土空间开发格局与建设美丽甘肃建立了制度保障。

（三）系列生态工程建设稳步推进

近年来，甘肃省响应国家政策，实施了一系列生态建设与生态保护工程，包括“三北”防护林体系建设工程、长江流域防护林体系建设一期工程、防沙治沙工程、天然林资源保护工程、退耕还林工程、退牧还草工程、黑河流域甘肃项目近期治理工程、石羊河流域重点治理工程、甘南黄河重要水源补给生态功能区生态保护与建设工程等。

表4-1 甘肃省生态保护与建设工程概况

工程	主要任务	实施区域	工程投资
“三北”防护林体系建设工程(1978—2020)	采取人工造林、封山封沙育林和飞播造林等措施,实行乔、灌、草结合,带、片、网结合,多树种、多林种结合,旨在建设一个功能完备、结构合理、系统稳定的大型防护林体系	嘉峪关、金昌、酒泉、张掖、武威、兰州、白银、天水、定西、平凉、庆阳、临夏州12个市(州)的70个县(市、区),工程区总面积39.1万平方公里	一至三期投入9.58亿元,四期投入6.26亿元,五期投入6.98亿元
长江流域防护林体系建设一期工程(1989—2000)	人工造林、封山封沙育林、飞播造林	陇南、甘南、天水、定西4个市(州)的11县(区)	投入中央预算内资金5817.77万元,截至2009年甘肃省共筹措资金9033.24万元
防沙治沙工程(1992—2010)	植被恢复、封沙(滩)育林育草、人工种草、保护灌木林、节水灌溉工程	酒泉、嘉峪关、张掖、金昌、武威、白银、庆阳、甘南8个市(州)的24个县(市、区)	
天然林资源保护工程(1998—2020)	天然林区进行全面禁伐、公益林建设	兰州、白银、天水、定西、平凉、庆阳、陇南、临夏州、甘南州各县(市、区)和武威市天祝县,共10个市(州)的67个县(市、区)及祁连山国家级自然保护区	累计投入资金95.92亿元,其中,1998—2010年投入40.82亿元,2011—2015年天保二期投入55.10亿元
退耕还林工程(1999年试点,2002—2015年实施)	通过停止坡耕地耕种、因地制宜地造林种草等方式,恢复林草植被	酒泉、嘉峪关、张掖、金昌、武威、兰州、白银、临夏州、定西、平凉、庆阳、甘南州、陇南14个市(州)、85个县(市、区,玛曲县除外)	到2015年累计投资资金262.25亿元,1999—2006年投入80.85亿元,2007—2015年投入181.4亿元,其中,2014—2015年新一轮退耕还林还草工程投入5.22亿元
退牧还草工程(2003—2015)	通过围栏建设、补播改良以及人工饲草建设等措施,恢复草原植被,改善草原生态,提高草原生产力,促进草原生态与畜牧业协调发展	甘南州的玛曲、夏河、碌曲、迭部、卓尼、合作、临潭,酒泉市的肃北、阿克塞、瓜州、玉门,张掖市的肃南、山丹,武威市的天祝、民勤、古浪,金昌市的永昌,定西市的漳县、岷县,庆阳市的环县、华池等22个县	实际完成工程建设总投资324177万元,其中,中央投资248776万元,地方配套及自筹75401万元

续表4-1

工程	主要任务	实施区域	工程投资
黑河流域甘肃项目近期治理工程(2001—2011)	灌区节水改造、退耕还林还草	甘州、临泽、高台、肃南、金塔、山丹、民乐、酒泉等市县;下游:甘肃金塔县和内蒙古自治区额济纳旗	累计完成投资17.05亿元,其中中央补助资金15.35亿元
石羊河流域重点治理工程(2006—2015)	水资源配置保障工程、灌区节水改造工程、水资源保护	民勤县、金川区、永昌县、肃南县、凉州区、天祝县、古浪县	截至2014年底,累计落实中央补助和省内配套资金45.59亿元
甘南黄河重要水源补给生态功能区生态保护与建设工程(2006—2010近期,远期到2020年)	封禁保护、退牧还草、游牧民定居、草原鼠害综合防治等措施保护天然草原,实现草畜平衡,恢复林草植被	甘南州的西北部,包括玛曲、碌曲、夏河、卓尼、临潭和合作5县1市,总面积3.057万平方公里,占甘南州土地总面积的67.9%	截至2015年,国家累计下达资金29亿元,占总投资的65%

二、重点平台与建设工程

(一)兰州新区

2012年,继上海浦东新区、天津滨海新区、重庆两江新区、浙江舟山群岛新区后,国务院批复第五个国家级新区——兰州新区。兰州新区位于兰州北部秦王川盆地,地处兰州、西宁、银川三个省会城市共生带的中间位置,是国家规划建设的综合交通枢纽,也是甘肃与国内、国际交流的重要窗口和门户,距兰州市区38.5公里,距西宁198公里,距银川420公里。规划面积806平方公里,辖永登、皋兰两县五镇一乡,现有总人口10万人。目前已经有包括中石油国家战略石油储备库、吉利汽车、三一重工在内的多家国内外大型企业落户新区。规划建设石化、高端装备、新能源新材料等七大产业集群以及高新技术产业等五大片区。经过5～10年的建设,兰州新区将发展成为甘肃省乃至西北地区跨越式发展的重要经济增长极,成为西部地区特色鲜明、功能齐全、产业聚集、服务配套、人居环境良好的现代化新区。

2014年7月15日,国务院批复设立兰州新区综合保税区。保税区规划面积2.86平方公里,具有保税加工、保税仓储、保税物流、口岸作业和综合服务等功能,这对于推进甘肃省向西开放,推动丝绸之路经济带甘肃段建设具有重大意义。2015年8月18日,兰州新区综合保税区在北京通过国家联合验收组验收,达到封关运营条件,标志着甘肃省对外开放从此增加了一个新的重要平台。

(二)华夏文明传承创新区建设

2013年,甘肃省"华夏文明传承创新区"建设获国务院正式批复。按照国家关于甘肃发展的战略定位和建设文化大省的总要求,甘肃确定了"华夏文明传承创新区”建设围绕“一带”，建设“三区”，打造“十三板块”的总体布局，简称“1313工程”。“一带”是丝绸之路文化发展带；“三区”是以始祖文化为核心的陇东南文化历史区、以敦煌文化为核心的河西走廊文化生态区和以黄河文化为核心的兰州都市圈文化产业区；“十三板块”是文物保护、大遗址保护、非物质文化遗产保护传承、历史文化名城名镇名村保护利用、民族文化传承、古籍整理出版、红色文化弘扬、城乡文化一体化发展、文化与旅游深度融合、文化产业发展、文化品牌打造、文化人才队伍建设、节庆赛事会展举办。“华夏文明传承创新区”是甘肃省继兰州新区之后，又一个摆到国家层面的战略平台，必将对中华民族文化传承创新和甘肃经济、社会、文化发展起到重大的推动作用和深远的影响。

（三）国家生态安全屏障综合试验区建设

2014年1月，经国务院常务会议审议通过，国家发改委印发了《甘肃省加快转型发展建设国家生态安全屏障综合试验区总体方案》。按照前三年打好基础攻难点、后五年全面推进见成效的总体目标，突出四大生态屏障和五大重点区域建设，在创新生态保护建设机制、加快产业转型升级、推进扶贫攻坚和城乡协调发展等方面发挥示范作用，以疏勒河、黑河、石羊河流域及哈尔腾苏干湖水系为重点，构建河西内陆河生态安全屏障；以中部沿黄河地区和甘南高原地区为重点，构建黄河上游生态安全屏障；以南部秦巴山地区为重点，构建长江上游生态安全屏障；以泾河、渭河流域为重点，构建黄土高原生态安全屏障。

（四）甘肃循环经济示范区建设

2009年12月24日，国务院正式批准实施《甘肃省循环经济总体规划》。《甘肃省循环经济总体规划》是国务院批准实施的第一个地区性循环经济发展规划，甘肃循环经济示范区是国务院决定的全国唯一一个国家级示范区。

按照国务院批复的《甘肃省循环经济总体规划》和省委省政府印发的《2015年甘肃省循环经济示范区建设攻坚方案》要求，全面推进省国家循环经济示范区建设工作。农业、工业、服务业和社会层面“四位一体”的循环型体系建设基本形成。基地、产业链、园区、示范企业和重大项目等“五大载体”打造成果显著。目前七大循环经济基地基本建成，16条产业链已经形成，园区循环化改造完成阶段性目标，示范企业打造完成，项目支撑持续加强。

（五）兰白科技创新改革试验区

2014年11月，科技部批准设立兰白科技创新改革试验区。兰白科技创新改革试验区以兰州新区、兰州高新技术产业开发区、白银高新技术产业开发区、兰州经济技术开发区为核心区，带动陇东能源化工、天水装备制造、金武新材料、酒嘉新能源4个创新集群联动发展，辐射西北西部及丝绸之路经济带沿线国家和地区。为发挥金融创新对技术创新的助推作用，省市两级政府共同出资20亿元，设立兰白试验区技术创新驱动基金，下设科技贷款增信基金、科技投资基金、科技创新创业引导基金、科技孵化器转型基金等4个子基金。《兰白科技创新改革试验区发展规划（2015—2020）》围绕培育发展特色产业，集聚创新资源要素，搭建重大创新平台，加快建设创新核心区，将实施“三大计划”（传统特色产业提质增效创新支撑计划、战略性新兴产业提速发展创新支撑计划、自主创新能力提升计划）、“五大工程”（创新型企业培育、创新人才聚集、创新平台建设、创新生态优化、兰白一体化和产城一体化）和“十项创新改革举措”①，力争到2020年新增地区生产总值800亿元。

（六）国家新能源综合示范区

2016年8月29日，国家能源局印发《关于支持甘肃省创建新能源综合示范区的复函》，确定甘肃省成为全国第二个新能源综合示范区。国家新能源综合示范区的获批，对破解甘肃省新能源发展弃风弃光限电困局、建立高比例和高效率新能源消纳体系、推进能源结构调整和优化具有重要意义。根据国家复函，甘肃省在创建新能源综合示范区中要建立高比例可再生能源体系，提高新能源在电力供应中的比重，到2020年新能源装机占电源总装机比例达到50%、新能源发电量占全社会用电量的30%以上，新能源发电利用效率显著提升。建立相应电力调度运行体系，解决风电和光伏发电的弃风弃电问题；提高外送电量中新能源发电的比重，确保酒泉至湖南±800千伏特高压直流输电工程年输送新能源电量占比达到40%以上；提升非化石能源消费比重，坚决遏制新增煤电机组的建设，确保非化石能源在一次能源消费中的比例达到25%以上。为实现既定目标，甘肃省将建设新能源与传统能源协调发展新机制，实现新能源全额保障性收购，完善有偿调峰补偿机制，探索甘肃新能源与西北区域内水电联合优化运行机制；加快完善促进新能源消纳的政策措施和输配电价改革，扩大外送电规模；有序推进风电产业发展，稳妥扩大酒泉风电基地建设规模及武威、金昌、张掖等地区风电建设，重点打造酒泉、嘉峪关等光伏发电基地，推进光热发电示范工程和地热能开发利用；大力提升终端用能电气化水平，扩大终端环节清洁电力对化石能源的替代，推广应用风电清洁供暖等技术；加强河西走廊、兰州到陇东和西北区域750千伏省际主网架建设，增加甘肃新能源电力外送的比例，国家电网公司制定和落实在西北电网内统筹消纳酒泉风电基地项目技术方案；支持推进能源科技创新和服务体系创新，努力把新能源技术及其关联产业培育成带动甘肃产业升级的新增长点。力争到2020年，将甘肃省建设成为国家重要的新能源综合利用基地、新能

①十项创新改革举措：探索市场与政府作用机制创新改革、探索科技与经济深度融合创新改革、探索人才激励机制创新改革、探索开放合作模式创新改革、探索科教体制机制创新改革、探索评估评价制度创新改革、探索财税制度创新改革、探索科技服务机构创新改革、探索企业发展机制创新改革、探索城镇化制度创新改革。

源生产基地、新能源科技进步基地和新能源体制机制创新基地。

三、主要成效

（一）甘肃区域发展协调性进一步增强

一个比较明显的特征是全省经济向中部地区集中的趋势逐步缓解。从固定资产投资来看，全省各个地区在近年来都有所增长，但投资额占全省比重变化趋势明显。2014年，兰州市固定资产投资额占全省的比重为20.76%，比2005年降低7.84个百分点。相比较而言，酒泉市固定资产投资额占全省比重为12.93%，比2005年提高4.83个百分点；庆阳市的固定资产投资总额占全省的比重为12.48%，比2005年提高3.68个百分点；陇南市的固定资产投资额占全省的比重为6.87%，比2005年提高3.57个百分点；临夏州固定资产投资额占全省的比重为3.4%，比2005年提高1个百分点。从工业增加值的变化看，2014年，兰州市的工业增加值占全省的比重为27.62%，比2005年降低0.48个百分点。相对而言，酒泉市和庆阳市工业增加值所占比重明显提升。2014年酒泉市工业增加值占全省的比重为9.91%，比2005年提升了2.51个百分点，这主要得益于近年来酒泉市以风电为主的新能源产业和以风电装备制造为主的机械制造业的迅猛发展。2014年庆阳市工业增加值占全省的比重为18.14%，比2005年提升了8.24个百分点，这主要得益于近年来庆阳市石油化工、煤炭加工等产业的快速发展。

（二）甘肃省循环经济示范区建设成效显著

主要表现在：一是2010—2015年甘肃节能减排成效明显。全省化学需氧量排放量下降9.13%，氨氮排放量下降14.11%，二氧化硫排放量下降8.31%，氮氧化物排放量下降7.9%。二是甘肃省节水型社会建设进展显著，2010年到2015年，万元GDP取水量从328立方米下降到168立方米，单位工业增加值用水量从211立方米下降到64立方米，吨钢水耗从6.8立方米下降到3.86立方米，农业灌溉水有效利用系数从0.51提高到0.54。三是工业固体废物处置量和综合利用程度不断提高，从2010年到2015年，全省固体废物处置量从1151万吨增加到2653万吨，全省工业固体废物综合利用率从46.26%提高到77.12%。四是能源消费结构优于全国平均水平。与全国平均水平相比，甘肃省2014年一次能源消费总量中煤炭占比低于全国5.59个百分点，石油低于0.76个百分点，天然气低于1.15个百分点，水风光等可再生电力高7.86个百分点。

（三）生态安全屏障行动成效显著

近年来，甘肃实施了天然林保护、三北防护林等林业工程；退耕还林、退牧还草、坡耕地水土流失综合治理、沙化封禁保护区试点工程等，有力地推动了生态安全屏障建设。自2003年启动实施退牧还草工程以来，累计建成草原围栏11465万亩，补播改良退化草原3225万亩，建成人工饲草地128万亩，全省草原覆盖度从2010年的48.73%提高到52.03%，“三化”草原治理率从2010年的34%提高到45%。“十二五”时期，全省完成造林面积1305.3万亩、森林抚育面积604.5万亩，新建义务植树基地2719个，累计义务植树4.64亿株，全省森林覆盖率从2011年的11.28%提高2015年的11.86%。

四、存在的问题

（一）生态系统脆弱，生态问题突出

一是全省森林总量不足，分布不均，质量不高。从统计意义上看，甘肃林地面积在全国排名第12位，森林面积排名第18位，而森林覆盖率排名第27位。全省森林面积平均每公顷蓄积量为86.79立方米，人工林仅为35.93立方米，低于全国89.79立方米/公顷的平均水平和世界128.3立方米/公顷的平均水平。从空间分布来看，全省天然林资源主要分布在白龙江、洮河、小陇山、祁连山、子午林等林区，区域林地占全省林地面积的70%以上。

二是土地沙化问题突出。全省沙化土地面积占全省国土总面积的28%，荒漠化面积占全省国土总面积的45.12%，两者合起来将近占全省面积的3/4，可见防风固沙任务异常艰巨。

三是草原退化较为普遍。受多重因素影响，全省草原生态“局部好转，总体恶化”的趋势依然没有得到根本遏制，全省90%的可利用草原出现了不同程度的退化，退化草原面积达14.46万平方公里，鼠虫害发生面积5.33万平方公里。

四是湿地功能退化。自20世纪90年代以来，玛曲草原退化、沙化、盐碱化程度加剧，沼泽面积减少近2/3，出水量下降到30%，水源涵养补给及生物多样性生态功能严重受损。

五是水土流失形势依旧严峻。甘肃省有水土流失面积28.13万平方公里，目前完成初步治理的面积仅7.18万平方公里，还有近75%、20.95万平方公里的水土流失面积急需整治。

（二）适宜开发面积小，国土开发效率低

甘肃国土的基本省情是土地广阔但适宜开发面积少。根据甘肃省第二次全国土地调查、2013年度变更调查，截至2013年底，全省土地总面积4258.89万公顷（其中含宁夏回族自治区飞地5322.53公顷）。在这些国土面积中，城镇村及工矿用地、交通运输用地合起来占全省面积的2.19%，耕地、园地、林地、草地、水域及水利设施用地占62.79%，这些土地是不适宜开发的，其他35.02%的国土是以沙地、裸地等为主，开发难度大、开发成本高。

其一，建设用地产出效率相对较低。从广义上看，建设用地包括城镇村、工矿用地、交通设施用地等。根据《中国统计年鉴2014》，全国建设用地单位非农产值为1.37亿元/平方公里，而甘肃仅为0.62亿元/平方公里，陕西省与四川省分

别为1.6亿元/平方公里和1.31亿元/平方公里。差距显而易见。

表4-2　甘肃与毗邻省份建设用地产出效率比较(2013年)

	建设用地面积（平方公里）	非农业产值（亿元）	建设用地单位非农产值（亿元/平方公里）
全国	374564.03	511888.21	1.37
甘肃	8643.86	5388.64	0.62
陕西	9080.40	14519.16	1.60
四川	17483.35	22835.16	1.31
青海	3368.82	1893.46	0.56
宁夏	2995.36	2342.08	0.78
新疆	15010.80	6891.95	0.46

注：建设用地包括城镇村、工矿用地、交通设施用地等；非农产业指第二产业和第三产业产值之和。

数据来源：《中国统计年鉴2014》。

其二，城市建设用地产出效率偏低。从狭义上看，城市建设用地一般指城市、小城镇及集镇镇区建设用地。根据《中国统计年鉴2015》，甘肃城市建设用地单位非农产值为7.84亿元/平方公里，而陕西、四川、青海的城市建设用地单位非农产值分别为17.05亿元/平方公里、11.7亿元/平方公里和13.38亿元/平方公里。甘肃的土地产出效率低了将近一半多。

表4-3　甘肃与毗邻省份城市建设用地产出效率比较(2014年)

	城市建设用地面积（平方公里）	非农业增加值（亿元）	城市建设用地单位非农产值（亿元/平方公里）
甘肃	757	5936.06	7.84
陕西	946	16125.00	17.05
四川	2138	25005.61	11.70
青海	156	2087.39	13.38
宁夏	376	2535.11	6.74
新疆	1110	7734.86	6.97

注：非农产业指第二产业和第三产业产值之和。

数据来源：《中国统计年鉴2015》。

其三，农业用地产出效率相对较低。根据《中国统计年鉴2014》，全国农用地单位农产值88.15万元/平方公里，甘肃农用地单位农产值47.39万元/平方公里，陕西、四川、宁夏的分别为81.93万元/平方公里、81.11万元/平方公里和58.21万元/平方公里，差距也比较明。

表4–4　甘肃与毗邻省份农用地产出效率比较（2013年）

	农用地面积（平方公里）	农林牧渔业增加值（亿元）	农用地单位农产值（万元/平方公里）
全国	6461684.22	56957.00	88.15
甘肃	185560.92	879.87	47.39
陕西	186252.11	1526.05	81.93
四川	422345.40	3425.61	81.11
青海	451078.29	207.59	4.60
宁夏	38110.63	222.98	58.51
新疆	516867.59	1468.29	28.41

注：第一产业包括农、林、牧、渔业（不含农、林、牧、渔服务业）。

数据来源：《中国统计年鉴2014》。

五、成因分析

针对甘肃省国土开发中存在的问题，主要可以归结为以下三方面的原因：

一是国土开发与功能定位不匹配。主要表现是需要保护的地方在过度开发，出现草原超载、自然保护区矿产开采等问题；而鼓励开发的地方却开发强度、产业层级、产出效率出现“三低”的问题，从而整体上呈现生态破坏与低效率开发并存的双重矛盾。

二是生态、生产与生活空间不合理。主要表现是生产与生活空间混杂，既不能提升城区人居环境，也不能促进产业集聚与产业集群，企业之间协作成本高、难度大，难以提升生产效率。同时，甘肃省产业园区作为集中的生产空间，存在数量多层次低、面积大、效率低的问题。

三是规划、建设与管理各环节衔接不紧密。在区域发展规划、土地利用总体规划以及城市总体规划中，都有产业布局与生态环境保护的相关内容和规定条文，但在实施中存在选择性执行和规划随意修编的问题，从而使得主体功能区战略难以真正落地。

因此，需要进一步强化对国土空间开发全局性、系统性及综合性特征的认识，统筹协调人与自然、经济与环境、人与社会等关系，进一步构建甘肃高效、协调、可持续的国土空间开发格局。

战略篇：

总体思路与分项推进战略

第五章　甘肃省优化国土空间开发格局的总体思路[①]

国土空间开发是一项全局性、系统性、综合性很强的工作，鉴于以上存在的问题和原因分析，甘肃省国土空间开发格局的优化必须依据“五大发展理念”，需要在总体思路上把握好空间、规模和产业三大维度，统筹好生产、生活、生态三大布局，统筹好规划、建设、管理三大环节，统筹好改革、科技、文化三大动力，统筹好政府、企业、个体三大主体，从而提高国土空间开发的协调性、和谐性、系统性、科学性与积极性。

一、统筹空间、规模、产业三大维度，提高国土开发的协调性

（一）空间维度

从空间维度看，包括自然环境和人造环境，其中自然环境决定一定范围国土空间所能容纳的人口规模和产业规模；而人造环境则是以往国土开发行为的结果，也为今后国土开发奠定了相应的基础。空间类型主要是依据主体功能区规划来确定。主体功能规划按照开发方式将国土空间分为优先开发区域、重点开发区域、限制开发区域和禁止开发区域；按照开发内容将国土空间划分为城镇化区域、农业生产区域、重点生态保护区域以及禁止开发区域。相应地，每一类型国土空间的开发方式和评判标准不一样。城镇化区域讲究集约高效，提高经济发展效率和空间利用效率；农业生产空间讲究农业生产效率和农业的可持续发展与国家粮食安全问题；对于重点生态功能区而言，开发是次要的，关键是保护并提供相应的生态产品，但容许与生态功能相容的开发内容、开发方式和开发强度。禁止开发区域，顾名思义，就是严格保护，高强度的工业化和城镇化是被禁止的。

（二）规模维度

从规模维度思考国土开发格局优化问题，就是要考虑在什么样的国土空间类型决定着多大规模的环境容量，在环境容量一定的前提条件下选择开发什么或怎

①该部分节选于《甘肃省优化国土空间开发格局的思路与对策》（该篇文章发表在《甘肃理论学刊》2016年第5期）。

么开发，才能使得经济、生态和社会综合效益最佳。同时，要注重运用底线思维和动态思维。其中，底线思维是依据特定国土空间类型确定的环境容量，从而确定最佳的人口规模和最大的废水、废气、废渣排放阈值。动态思维关注的是产业形态与产值规模。在同一个国土空间，不同时期会有不同的优势产业形态，从而产值规模也不一样。需要特别注意的是，在环境容量一定的情况下，通过创新发展模式，不断优化发展方式、提高生态经济效率，实现产值的最大化。

（三）产业维度

从产业的维度思考国土开发问题，就是要思考什么样的国土空间（环境容量是一定的）发展什么样的产业和怎么发展的问题。一个区域的主导产业是该区域的发展方向，特色产业发展决定一个区域的发展优势。主导产业与特色产业融合发展的影响因素主要有：一是资源禀赋条件。无论是有形的矿产资源、能源资源，还是无形的社会传统、文化氛围、技术创新等，都是区域赖以发展和持续发展的源泉，尤其是无形的社会传统，更是潜移默化地影响着人们的行为。而且，资源禀赋条件是随着时间演进而动态变化的。二是区位优势条件（也是动态变化的）。三是产业协作。通过产业协作，延长产业链条，提高能源、资源的利用效率，也能提高单位产品附加值。四是现代农业。从一般规律来讲，城镇化使得农业人口减少、农业用地面积减少，但更多的非农业人口对食物消费的数量和质量都在提升，这就要求相对更少的务农人口在更少的耕地上，生产出数量更多、质量更高、品种更全的农产品。这本身就要求转变以往的农业生产方式，促进农业生产的规模化、信息化、科技化。五是文化产业。文化产业的优点在于资源能源消耗少，价值创造空间大。从保护环境、提高产值的视角看，文化产业尤为重要，既能保护传统文化、历史遗迹，还能发挥历史文化资源的价值。

二、统筹生产、生活、生态三大布局，提高国土开发的和谐性

国土开发的过程中，生产、生活、生态的关系协调问题贯穿始终。运用具有中国特色的太极图来表现这三者之间的关系：太极本底是生态环境，是人类生产生活活动赖以存在的载体和基础；太极阴阳两仪来表现生产与生活的关系，两者在空间布局上总是相依相存的动态变化关系。生产活动和生活活动的空间布局也呈现一定的规律性特点，生产活动为主的地方生活活动相对较少，比如重化工业布局的地方生活设施布局较少，仅有少量的生产型服务业及相关公共服务设施布局；而在生活活动为主的地方生产活动相对较少，在城市居民区，原先布局的工业企业也要逐步向城郊区工业园区集中，仅有少量的一类工业靠近居民点，比如电子工业、缝纫工业、工艺品制造业等，这类工业对居住和公共设施等方面基本无干扰和污染。总之，生产功能在空间相对集中，有助于降低企业合作成本、延长产业链条、提高基础设施利用效率，有助于推动废弃物市场化、集中化、综合

化处理和利用，进而提高经济发展效率与环境治理效果；生活功能在空间上相对集中，有助于形成城区生活、休闲、娱乐氛围，有助于提升城区人居环境和城市品质。

三、统筹规划、建设、管理三大环节，提高国土开发的系统性

国土开发过程中的规划、建设和管理三大环节缺一不可，或者某一环节过于突出或者明显短缺，都会造成国土开发中的问题。比如，规划、建设和管理，三者完全脱节，各负其责，但相互没有联系，就会造成规划无效、建设随意和管理落空的后果，体现的是部门意识；如果规划过于超前、不切实际冒进，就会产生假大空的问题，如果规划过于考虑现状或者缺乏长远眼光，就会产生封闭思想，与建设和管理完全脱节，体现的是规划意识和规划管理的问题；如果管理过于强势，换一届领导换种发展思路，就要调整规划而无视规划的严肃性与系统性，就会造成政府主管部门、市场建设主体的思路混乱，这里体现的是长官意志；如果过于强调市场作用，过于迁就建设方各种要求，比如，在招商引资过程中按照资金方的要求随意调整规划，而忽视规划的整体性与发展战略的系统性，就会造成国土开发的随意性，甚至会造成生态破坏和环境污染，体现的是发展意识的短期性和规划管理的严肃性。因此，规划、建设、管理最佳的关系就是相互协调、相互契合，以发挥最大的合力，毕竟三者的工作对象都是同一块国土，不仅在国家、省级层面如此，在市州、县市区层面都是如此，要统筹好规划、建设和管理三大环节，协调好三者之间的关系，最大限度地发挥三者合力，才能使我们的国土开发过程更能体现规划意图和发展目标。

四、统筹改革、科技、文化三大动力，提高国土开发的科学性

从改革的视角看，一是要重视空间规划，推动“多规合一”。经济社会发展五年规划与区域发展规划、城市总体规划、土地利用总体规划等空间规划，都是在同一块国土空间上得以实现的。现在各类规划分属不同部门管理，规划体系、编制单位和编制流程不同，审查过程与管理环节不同，最后的结果往往是多个规划在内容上出现不一致的现象，实施起来操作性较差，因而要推进“多规合一”这项工作。二是在管理体制上，注重红线管理，明确权力清单。注重红线内管理的强制性，增强红线外经济活动的市场性；注重红线内的生态保护，增强红线外重点开发区的发展效率。三是国土开发方面的首要任务就是推进实施主体功能区规划，建立生态、生产、生活科学合理的国土开发格局。四是需要在土地、财政、教育等方面进行配套改革。五是围绕国土开发各个环节促进创新，尤其是在产业创新方面，推进供给侧结构性改革，因地制宜，提高生态经济效率。从科技的视角看，就是在国土开发的规划、建设和管理各个环节当中，尽可能地运用现

代科技手段，比如借助“互联网+”建立数字平台，为政府、企业、个体提供综合性服务，也为政府各个职能部门共享数据信息提供统一平台，高效率、低成本地推进规划、建设和管理各个环节的沟通与协调。从文化的视角看，传统习俗、文化氛围，根深蒂固、潜移默化地影响着人们的思维习惯与行为方式。中国古人的“天人合一”思想，就是今天我们所追求的生态绿色思维。今天，我们在优化国土开发格局、建设美丽甘肃的过程中，尤其需要增强文化自信，深刻理解古人对“天地人”关系的认识，并转化为我们今天的实际行动，可以说就是在推进生态文明建设。

五、统筹政府、企业、个体三大主体，提高建设主体的积极性

国土开发的过程，就是人类文明演进的过程。国土开发格局优化，既要发挥政府有形之手的作用，也要发挥市场无形之手的作用，更要发挥企业、家庭等微观主体的勤劳之手。从政府视角看，一是要培养真正懂原理、懂管理的干部；二是要在规划、建设和治理等环节依法决策；三是在管理服务理念，重在增强服务理念与安全管理意识；四是在政策导向上，在全社会树立文化自信、绿色思维、创新发展的良好氛围。从企业的视角看，就是要充分发挥市场对资源配置的决定性作用，把企业培育成结构优化的主体，通过投资回报率和要素流动机制的作用，不断提高各种发展资源在空间上、时间上的配置效率。从家庭和个人等微观主体的视角看，一是在有关国土规划各个环节，要发挥公民的舆论监督和决策参与作用；二是要切实增强每个甘肃人“建设美丽中国、建设美丽甘肃”的主人翁意识，在生产、交换、流通和消费各个环节，自觉运用绿色思维办事；三是强化国土开发规划意识，产业布局、企业选择、生产运行等均要符合主体功能区规划要求。

进一步优化国土空间开发格局的总体思路，即统筹空间、规模、产业三个决策维度，并提出相应的对策建议，主要有：统筹生产、生活、生态三大布局，提高国土开发的全局性与和谐性；统筹规划、建设、管理三大环节，提高国土开发的系统性与协调性；统筹改革、科技、文化三大动力，提高国土开发的科学性与持续性；统筹政府、社会、个体三大主体，提高各类建设主体的积极性和能动性。

第六章　甘肃省优化国土空间开发格局的新变化与新对策[①]

生态文明建设是中国特色社会主义事业的重要内容，关系人民福祉，关乎民族未来，事关“两个一百年”奋斗目标和中华民族伟大复兴中国梦的实现。2015年5月5日，中共中央、国务院印发《关于加快推进生态文明建设的意见》，这是继党的十八大和十八届三中、四中全会对生态文明建设做出顶层设计后，中央对生态文明建设的一次全面部署。根据《关于加快推进生态文明建设的意见》，生态文明建设的目标包括：国土空间开发格局进一步优化、资源利用更加高效、生态环境质量总体改善、生态文明重大制度基本确立。“国土空间开发格局进一步优化”是推进生态文明建设的第一目标和主要途径。这是因为国土空间是人类赖以生存和发展的空间载体，离开了这个载体，人类社会将无处安置。可以说，自古至今，人类文明的演进就是国土开发的过程。

甘肃地处黄土高原、青藏高原和内蒙古高原三大高原和西北干旱区、青藏高寒区、东部季风区三大自然区域的交汇地带，地形复杂，山脉纵横交错，海拔相差悬殊，高山、盆地、平川、沙漠和戈壁兼而有之。甘肃省东西蜿蜒1655公里，自古以来形成了丝绸之路交通干道，成为今天打造新丝绸之路经济带的重要依托，这也是青海、宁夏所无法比拟的优势。可以说，甘肃独特的地理位置、版图形态和地貌特征，加上各个历史时期特定的区域政策与富有成效的实施措施，形成了极富特色的甘肃国土空间开发格局。这是甘肃各族人民对自然空间的不断利用、改造的结果，也是今后赖以生存和发展的基础和空间载体。基于近年来甘肃省国土空间开发格局呈现出的新情况和新变化，进一步优化甘肃国土空间开发格局，提高国土空间利用效率，形成科学合理的生产、生活、生态空间结构，这是甘肃推进生态文明建设的重要举措，也是甘肃全面融入“一带一路”建设的基础和前提。

---

① 该文入选2015年科学社会主义年会论文，并获二等奖。

一、甘肃省国土空间开发的新变化

经过多年的西部大开发，甘肃省国土空间开发的强度、深度和广度都在加大，在这片狭长的版图上形成了极富特色的国土空间开发格局。

（一）城镇化呈现“一横两纵六区”格局

甘肃近年实施了“3341”项目工程、“中心带动、两翼齐飞、组团发展、整体推进”区域发展战略及“多级突破”行动等区域战略，中心城市和城镇组团为主体的区域经济一体化进程不断加快，推进了城镇空间格局的快速演变。2012年，全省共有16个设市城市（其中特大城市、大城市各1个，中等城市4个，小城市10个），建制镇478个。16个设市城市所在地人口占全省的33.6%，地区生产总值占全省的59.7%。总体上看，初步形成了以西陇海兰新经济带、呼包银—兰西拉经济带和庆阳—平凉—天水—成县徽县—武都经济带为支撑的“一横两纵六区”[①]城镇化发展空间格局。

（二）中部地区的产业布局特征有所改变

甘肃省自然环境类型多样、区域差异大。受自然条件和经济社会发展等因素的影响，全省经济主要布局在西陇海兰新铁路沿线地区，该地区集中了全省60%的经济总量，而占全省总人口60%的陇东陇南地区仅占全省经济总量的30%左右，经济布局与人口分布不对称，地区间发展水平和差距大。但从近几年的发展来看，产业向中部地区集中的趋势稍有所改变。

从工业增加值的变化看，2013年，兰州市的工业总产值占全省的比重为25.9%，比2005年降低2.2个百分点。相对而言，酒泉市和庆阳市工业增加值所占比重明显提升。2013年酒泉市工业增加值占全省的比重为12.0%，比2005年提升了4.6个百分点，这主要得益于近年来酒泉市以风电为主的新能源产业和以风电装备制造为主的机械制造业的迅猛发展。2013年庆阳市工业增加值占全省的比重为14.6%，比2005年提升了4.7个百分点，这主要得益于近年来庆阳市石油化工、煤炭加工等产业的快速发展。

从固定资产投资来看，全省各个地区在近年来都有所增长，但投资额占全省比重变化趋势明显。2013年，兰州市固定资产投资额占全省的比重为20.6%，比2005年降低了8个百分点。相比较而言，酒泉市固定资产投资额占全省比重为13.0%，比2005年提高了4.9个百分点；庆阳市的固定资产投资总额占全省的比

① “一横两纵六区”：《甘肃省主体功能区规划》提出了以西陇海兰新经济带为横贯全省的横轴，以呼包银—兰西拉经济带、庆（阳）—平（凉）—天（水）—成（县）徽（县）和武都经济带为两条纵轴，加速推进形成兰白（兰州—白银）、酒嘉（酒泉—嘉峪关）、张掖、金武（金昌—武威）、天成（天水—陇南成县、徽县）、平庆（平凉—庆阳）等六大组团式城市化发展格局。

重为12.4%，比2005年提高了3.6个百分点；陇南市的固定资产投资额占全省比重为6.8%，比2005年提高了3.5个百分点；临夏州固定资产投资额占全省比重为3.4%，比2005年提高了1个百分点。

（三）发展差距依然存在：一个甘肃四个世界

为了直观表现全省发展差距，本章采用2013年各地州市人均GDP相当于全省平均水平的数据，根据甘肃实际情况，将其划分为100%以下、100%～200%、200%～300%和300%以上四个区间。从高往低排序，处于第一区间的是嘉峪关市（397%），处于第二区间的是金昌市（222%）、酒泉市（239%）和兰州市（201%），处于第三区间的是白银市（111%）、张掖市（114%）和庆阳市（112%），处于第四区间的是天水市（57%）、武威市（6%）、平凉市（67%）、定西市（37%）、陇南市（40%）、临夏州（35%）和甘南州（64%）。从14个地州市在全省的发展水平横向比较来看，可以形象地概括为“一个甘肃，四个世界”，说明甘肃区域间差距大，并且7个市州的发展水平较低，处于全省平均水平以下。（见图6-1）

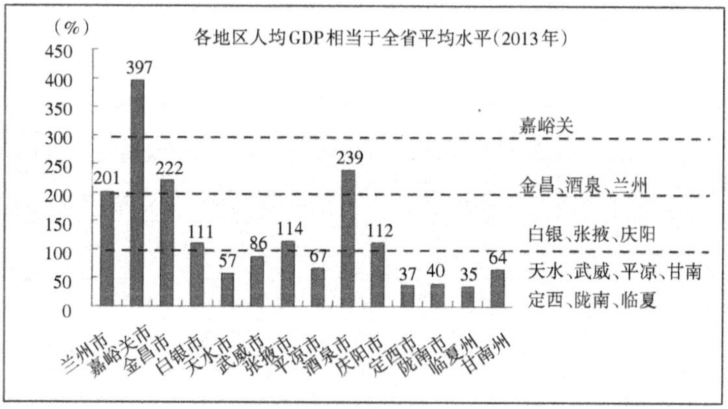

图6-1　2013年甘肃省各地州市人均GDP相当于全省平均水平情况

（四）生态治理格局基本成型

2013年，建设国家生态安全屏障综合试验区总体方案已获国家批复实施，以此为契机，甘肃开展了一系列的生态安全建设工程，形成了经济建设与生态建设并驾齐驱的局面，全省生态治理格局基本成型。石羊河流域重点治理、敦煌水资源合理利用与综合保护项目、甘南黄河重要水源补给生态功能区生态保护与建设、黑河流域综合治理和石羊河流域防沙治沙及生态恢复等重大生态项目建设积极向前推进。陇南、甘南、张掖3市州及天祝、渭源、永靖3县列入国家生态文明示范工程试点。三北防护林、巩固退耕还林成果、退牧还草、自然保护区建设、天然林保护、重金属污染防治和农村环境连片整治等工程在全省范围内顺利开展。

二、甘肃省国土空间开发的新思路

近几年，国家在经济发展、生态保护等方面对甘肃的支持力度在加大，全国首个批复的《甘肃省循环经济规划》、兰州新区升格为国家级新区、华夏文明传承创新区和甘肃省国家生态安全屏障综合试验区的批复建设，都在很大程度上影响着甘肃国土空间的开发方式、开发强度和开发内容。在甘肃省国土空间开发格局进一步优化的过程中，需要贯彻落实国家战略，立足省情，使其发挥更大的作用。

主体功能区规划从宏观上确定了不同功能的国土空间的开发方式、承载职能，即，重点开发区域，是主要城镇化区域，注重集中与集约发展，提高经济发展效率和空间开发利用效率；限制开发区域中的农产品主产区，注重发展现代农业，提高农业生产效率和经济效率，注重农业的可持续发展和国家粮食安全；限制开发区域中的重点生态功能区，关键是保护并提供相应的生态产品；禁止开发区域的分布特点是点状分布，注重严格保护。结合国家战略，在全省国土空间开发过程中，注重循环经济和文化建设在各个区域、领域的贯彻落实。（见图6-2）

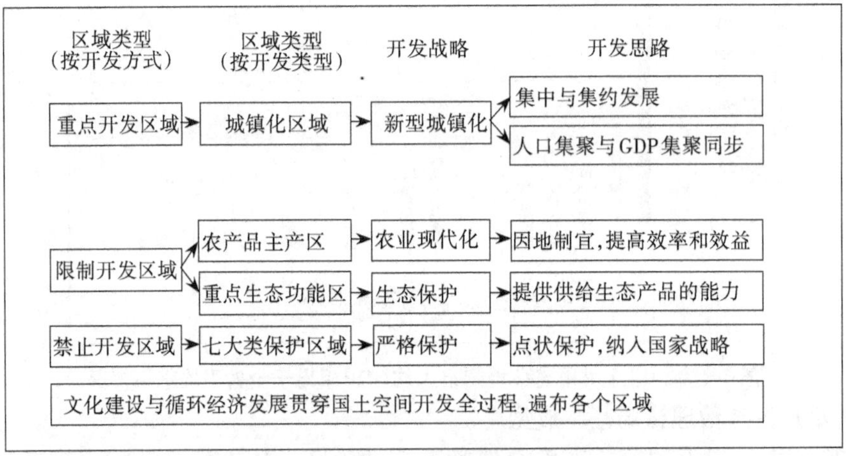

图6-2　甘肃省国土空间开发格局优化思路

（一）严格实施主体功能区规划

认真落实《甘肃省主体功能区规划》，着力健全财政、投资、产业、土地、人口、环境等配套政策和各有侧重的绩效考核评价体系。推进各市县落实主体功能定位，推动经济社会发展、城乡、土地利用、生态环境保护等规划“多规合一”，形成一个市县一本规划、一张蓝图。区域规划编制、重大项目布局必须符合主体功能定位。对不同主体功能区的产业项目实行差别化市场准入政策，明确禁止开发区域、限制开发区域准入事项，明确优化开发区域、重点开发区域禁止和限制发展的产业。编制实施全省国土规划纲要，加快推进国土综合整治。构建平衡适宜的城乡建设空间体系，适当增加生活空间、生态用地，保护和扩大绿地、水域、湿地等生态空间。

（二）重点开发地区：推进新型城镇化，集约高效利用国土空间

理论与现实表明，集中集约发展是城镇化的必然趋势。甘肃国土资源条件也决定了今后新型城镇化的方向是集约高效利用国土空间。甘肃是一个多山地高原、少平原川地的省份。从地形地貌上看，全省88.7%的国土面积属于限制和禁止开发区域，城镇发展空间十分有限。从目前城镇区域土地利用情况看，甘肃省城市人口密度4369人/平方公里，远高于全国平均水平2307人/平方公里。尽管如此，针对全省可开发利用的土地面积小、区域差异大、后备土地资源十分有限的特点，脆弱的生态环境使大规模高强度的工业化、城镇化只能集中在有限的国土空间内。所以，今后必须把国土空间开发的着力点从占用土地为主转变到调整优化空间结构和提高空间利用效率上来，提高资源环境承载能力，走空间集约发展的道路。

（三）限制开发区：增强农产品和生态产品的有效供给能力

限制开发区包括农产品主产区和重要生态功能区。其中，农产品主产区注重发展现代农业，增强农产品生产和供给能力。甘肃省作为保障农产品安全的重要基地，着重加强粮食综合生产能力建设，严格保护耕地，稳定粮食播种面积，改善生产条件，着力提高农业效益和农民收入水平，确保粮食安全和农产品有效供给。通过构建新型农业经营体系，培育新型职业农民，建立“双新”互补发展机制，推进传统农业向现代农业转变，使得农民成为体面职业、有经济效益的职业。重要生态功能区注重保护与修复并举，提高生态产品供给能力。生态功能区的主要功能是修复生态，保护环境，提供生态产品，着重增强水源涵养、水土保持、防风固沙、维护生物多样性等生态产品的能力，引导生态脆弱地区人口有序转移。在保护与开发的关系上，要突出生态功能和环境保护这个前提，科学界定部分区域的农牧业生产规模，因地制宜发展资源环境可承载的林下产业、旅游业、服务业等特色产业。

（四）禁止开发区：注重点状保护格局

禁止开发区是指点状分布的生态功能区，文化自然遗产保护的重要区域，珍稀动植物基因资源保护地。在保护与开发的关系上，严格禁止人类活动对自然文化遗产的干扰与破坏，实施强制性保护，有限发展与禁止开发区域功能定位相容的相关产业，保护自然遗产和文化遗产。严格保护基本农田。

（五）循环经济：通过转变经济发展方式优化国土空间开发格局

社会经济发展方式直接影响到国土空间开发的具体方式和开发结果。环境友好型的发展方式，顾名思义，无论发展过程还是发展结果都与环境相协调，实现可持续发展，反之，则会对环境产生负面干扰，发展不可持续。《甘肃省循环经济总体规划》是全国首个批复实施的国家级循环经济示范区规划。该规划着力推动经济发展方式转变和经济结构调整，着力提高经济增长质量和效益，实现甘肃省经济社会的全面协调可持续发展。从经济地理的角度看，循环经济落实到国土空间上，就是通过转变经济发展方式，优化经济活动与生态环境之间的关系，从而影响国土空间开发的方式和强度。

（六）文化建设：贯穿国土空间开发全过程

文化如同春天般的细雨，滋润和感化着每一个人、每一个国土空间开发过程。华夏文明传承创新区是中国第一个国家级文化发展战略平台。甘肃应以此为契机，发挥文化建设在优化国土空间开发格局中的影响力和感召力。甘肃提出实施“1313工程”，就是对人类已有优秀文明传承与发展的过程，既有农业文明，也有工业文明，既有乡村文明，也有城市文明，既是对既往文明遗址、传统的保护，也是对新生事物的创新发展。落实到具体国土空间，就是在城镇化区域积极发展工商业文明，在农产品主产区注重农业文明的延续与发展，在重要生态功能区注重自然生态环境的保护、修复；在禁止开发区注重自然文化遗产与历史文化遗产的保护与传承。也就是说，对华夏文明的传承与创新，在甘肃省42.58万平方公里的国土空间内时时刻刻在发生着，贯穿在国土空间开发的各个角落，“天人合一”“道法自然”等文化理念时刻影响着国土开发的内容、方式与强度。

三、优化甘肃省国土空间开发格局的新对策

优化国土空间开发格局不仅需要正确的优化思路，还须制定具有针对性的人口、资金、土地、管理、制度等方面的对策措施。

（一）贯彻落实农业转移人口市民化政策，实现产业集中与人口集中同步

在甘肃省的国土空间开发过程中存在人口集聚与产业集聚在空间上不一致现象，其中最为明显的是已经在就业和生活空间上向城镇发生了转移的农业人口，在身份上并没有实现向市民的转换。因而，推进农业转移人口市民化、促进人口与产业协同集聚，是优化国土空间开发格局的主要任务和重要途径。一是促进“存量转移人口”（已经在城镇就业的农村转移人口）的市民化。2012年，全省纳入管理的城镇暂住人口为131万人。为了解决这些处于半城镇化状态的农村人口及随迁家属面临落户问题，政府应通过扩大社会保障覆盖面，保障随迁子女平等享受教育权利、拓宽住房保障渠道等方式使其享有城镇基本公共服务，加快符合条件的农业转移人口落户步伐。二是做好“增量转移人口”（未来几年将陆续转移到城镇的农业转移人口）市民化工作。政府应着重通过实施差别化落户政策、调整产业结构等方式引导农业转移人口进入城镇。甘肃省未来“增量转移人口”应主要流向重点开发区域：一是区域中心城市；二是中心城市周边中小城市

和小城镇，尤其是后者，应当作为今后城镇化的重要区域。

（二）创新城建融资模式，推动城镇建设，扩大城镇容纳空间

在今后甘肃城镇化过程中，不仅有已经在城市就业和生活的131万农村人口及随迁家属落户城市，同时也有大量的新生代农民工进入城市工作和生活，为城市空间提出了新的要求。但在甘肃省城镇化过程中，建设资金短缺一直制约着城镇建设的步伐，一些地方因此而过度依赖土地出让收入和土地抵押融资来推进城镇建设，加大了地方政府性债务等财政金融风险。依据《全国新型城镇化规划（2014—2020）》，应加快财税体制和投融资机制改革，建立多元化、可持续的城镇化资金保障机制，这为今后城镇建设和农业转移人口市民化提供了新的融资渠道。一是政府融资将由贷款为主转向发债为主。结合本地实际，建立健全地方债券发行管理制度和评级制度，推行地方政府发行市政债券。二是培育地方主体税种。逐步将资源税与环境保护税纳入地方主体税种。三是放宽准入，引入社会资本参与城镇化建设。推动PPP（公私合伙制）模式的实行，使其成为私人资本参与城镇化建设的主要方式。

（三）建立多元成本分担机制，推动农业转移人口市民化

根据中国社科院发布的《中国农业转移人口市民化进程报告》，目前我国农业转移人口市民化的人均公共成本约为13万元，其中，西部地区人口转移的公共成本为10.6万元。2012年，甘肃省面临市民化的流动人口131万，按照每人农业转移人口市民化的人均公共成本10.6万计算，总计1388.6亿元；当年甘肃省财政收入1079.9亿元，其中公共财政预算收入520.4亿元，税收收入347.8亿元，非税收入172.6亿元。也就是说，全省一年的财政收入不足以支撑当前全部的存量农业转移人口市民化。可以说，甘肃省农业转移人口市民化不能一蹴而就，而是一项长期的、分批分期的战略性工作。

（四）转变城镇“扩张”建设模式，倡导紧凑发展

通过集中集约发展，有效利用国土空间；通过密度较高、功能混用和公交导向的集约紧凑型开发模式来主导城市建设。甘肃省今后可开发的城市建设用地空间相对紧缺，更需要通过提高城市综合承载能力来相应快速城镇化。一是强化城市就业产业支撑。大力发展服务业，引导生产性服务业在中心城市、制造业密集区域集聚；推动特大城市和大城市形成以服务经济为主的产业结构。二是优化城市空间结构。改造提升中心城区功能、严格规范新城新区建设、改善城乡接合部环境。三是提升城市公共服务水平。优先发展城市公共交通，加强市政公用设施建设，完善公共服务体系。

（五）统筹城乡发展，优化乡村空间环境

在甘肃省国土空间过程中，部分地区城市发展与农村发展“一头重、一头轻”，城乡矛盾突出。通过加大统筹城乡发展力度，优化乡村空间环境主要有以下几个措施：一是通过发展多种形式规模经营，提高农业生产的社会化服务水平，并完善农产品流通体系，增强保障粮食安全的水平；二是农村与城市具有同样的发展权和同样的分享改革发展成果的权利，继续增加对农村教育、医疗、文化的财政投入，健全新型农村社会保障政策体系，逐步提高农民养老、医疗保险等保障标准；三是加强农村基础设施和服务网络建设，促进固定资产投资适度向农村倾斜，加大公共财政对农村基础设施建设的覆盖力度。

（六）借鉴国外经验，加强国土空间管理

国外国土空间管理的成功经验就是科学制定和严格实施空间规划。优化甘肃国土空间格局，管理依据就是《甘肃省主体功能区规划》。具体措施包括：一是对土地利用功能进行管制，特别是对市场机制容易忽视的自然保护区、开敞绿色空间、文化遗产地等大斑块区域进行严格管制。二是尊重客观规律。高度关注区域之间相互依赖和相互作用产生的空间结构的合理组织，由此形成合理的生产、生活和生态空间比例关系。三是注重空间管制的层次性，这既是说由于不同空间尺度土地利用功能的不同，也是指政府层级划分后的事权分割。四是确保空间规划的长期性和稳定性，这是提升国土空间规划实施价值和效果的根本保障。

总之，国土空间是我们赖以生存和发展的空间载体。国土空间的开发方式、开发格局直接影响到国土空间开发的质量和效果，乃至经济社会发展的质量和效果。针对甘肃省独特的版图形态和自然环境条件，优化国土空间开发格局，既要尊重市场机制，提高适宜开发国土的利用效率，同时也要更好地发挥政府作用，处理好开发与保护之间的关系，从而形成合理的生产、生活和生态空间关系结构，确保工业产品、农产品和生态产品的有效供给，以可持续的发展方式推动生态文明建设，进而以积极健康的姿态融入“一带一路”建设。

参考资料

[1]《中共中央国务院关于加快推进生态文明建设的意见》

[2] Gill, Indermit Singh and Homi Kharas, 2007, *An East Asian Renaissance: Ideas for Economic Grouth*, The International Bank for Reconstruction and Development/The World Bank.

[3] 肖金成、欧阳慧等：《优化国土空间开发格局研究》，载《经济学动态》2012年第5期，第18–23页。

[4] 潘家华、魏后凯等：《中国城市发展报告·No.6农业转移人口的市民化》，社会科学文献出版社2013年版。

[5] 农业银行战略规划部：《解读新型城镇化规划“新”的着眼点》，载《经济参考报》2014年3月21日，第A11版。

第七章　城市政府视角下生态城市建设的思路与重点①

党的十七大报告以科学发展观为指导，继物质文明、精神文明、政治文明之后提出了生态文明。生态文明是对既往文明特别是工业文明的反思。创建生态城市，是生态文明的重要实现途径和具体表现形式。

生态城市思想渊源深远。中国古代的"天人合一"思想、霍华德（E. Howard）的"田园城市"、托马斯·摩尔设想的理想城市"乌托邦"等思想反映出人类自古追求人与自然和谐共处的朴素理想。自1971年联合国教科文组织"人与生物圈"（MAB）计划中提出生态城市概念以来，关于生态城市的研究日渐兴起，理论与实践都有了长足发展。澳大利亚城市生态协会（UEA，1997）[1]、苏联城市生态学家雅尼茨吉（1981）[1][2]、美国生态学家瑞吉斯特（1981、1984）[3][4]等从不同角度阐述了生态城市的内涵，并提出了相应的生态城市建设原则与建设内容。国内对生态城市的系统研究从20世纪80年代开始起步，发展较快。马世骏和王如松（1984）[5]指出城市是典型的"社会—经济—自然复合生态系统"，王如松（1984）[6]并提出了生态城市建设所应依据的生态控制论原理，黄光宇等（1997）[7]提出了生态城市的规划设计方法和三步走的生态城市演进模式，陈勇（2002）[8]提出了生态城市的时空定位，并对生态城市思想进行了剖析。毛峰、朱高洪（2008）[9]强调制定生态城市建设应以城市机构为主，并阐述了内在结构与外部环境之间的相互关系。王崇奉（2008）[10]通过研究可持续发展产业集聚的机理与运作模式，为生态城市创建及产业发展提供了一条新的途径。蒋皋、刘洪彪、陈丽芳（2009）[11]通过对生态城市本质的重新思考及对发展战略的探讨，提出"嘉禾式"经营新森林城市是现实最佳生态城市的路径。文宗川等（2009）[12]借鉴城市圈理论，提出了生态城市建设的大生态城市发展路径。1986年，江西宜春市首次提出建设生态城市的发展目标，并于1988年正式开始生态城市试点。随后，各地提出了建设生态市、生态县、生态示范区的发展目

① 该文是在兰州大学读博期间在高新才老师的指导下撰写的一篇论文，发表在《城市发展研究》2011年第2期。

标，不同程度上推动生态城市的实践进程。

生态城市建设关系到人类城市文明未来发展的方向，也关系到人类及个体的切身利益，关于生态城市的研究与实践仍在不断地探索之中。但是，纵观目前关于生态城市的理论研究和建设实践，存在“头疼医头、脚疼医脚”现象，其主要原因有二：一是建设主体缺失，“谁建”及其“做什么”不明确，致使不同建设主体及其之间常出现责任不明或“越俎代庖”的情况；二是生态城市建设战略不连续，存在“打一枪换一个地方”的现象。针对上述情况，本章基于城市自身发展演进规律，进一步明确生态城市的建设主体及各自职责，认为城市政府是生态城市的主要倡导者、建设者和管理者；并从城市政府的视角，提出生态城市建设的思路和重点，即坚持“无为而无不为”的原则，优化城市结构，旨在搭建生态城市的“骨架”，逐步引导城市的生态化演进。

一、生态城市的建设主体及职责：明确“谁建”及其应当“做什么”问题

从城市的发展演化来看，实现生态城市理想是一种长期的历史过程，当然受到城市自身演化规律的作用，其中不乏人为因素。一般认为，由于城市政府所掌握的公共资源决定了其理所当然是生态城市的主要倡导者、建设者和管理者，但生态城市建设也离不开社会公众的参与。

城市政府提供和管理公共产品是其基本职责。建设生态城市，城市政府要坚持“无为而无不为”的原则，特指城市政府不应具体参与城市经济活动，而应在宏观上引导社会公众行为向生态城市靠拢，强调生态城市的系统性、综合性和客观性。即须根据城市自身特点设计实现生态城市的整体框架，“因势利导”，旨在通过结构性框架的建立与优化，引导城市的生态化演进，而非具体参与。

企业同样是生态城市的建设主体。历史经验表明，企业在城市中的集聚与发展，增强了城市的经济实力，为完善城市基础设施和公共服务设施提供了条件，并在一定程度上提高了人们的生活水平。但同时，企业活动尤其是工业企业活动不可避免地干扰了城市所赖以生存的生态环境，并对城市人均环境产生了负面影响。企业活动属市场经济行为，追求经济利益无可厚非，但作为城市的主要成员，参与生态城市建设责无旁贷。转变企业经营理念，倡导企业“生态”文化，既是生态城市所要求的，也是企业未来发展所需要的。

生态城市建设离不开社会个体的自觉参与与维护。每个社会个体自身的生活行为共同影响着城市的发展，这点在以往维护城市环境与景观中尤为明显。同时，社会个体的日常生活行为不仅直接关系到城市环境与人地关系，更重要的是通过消费需求影响企业行为，消费者“绿色”消费的市场挑剔性需求必然引导企

业“绿色”生产“绿色产品”。

个体行为、企业行为和城市政府行为共同影响着城市的发展演进。众多单个个体行为与企业行为共同构成了城市的社会经济行为，共同作用产生“共振现象”，势必影响到城市的发展方向。但个体行为一般遵从理性经济人假设，不一定符合生态经济要求。建设生态城市的过程就是为城市提供绿色公共产品的过程，城市政府应当发挥主导作用，同时还应当引导社会个体积极参与生态城市的建设。

二、城市政府视角下生态城市建设思路

在城市漫长的发展演变进程中，总是现有问题的解决伴随着新问题的出现。尽管生态城市的思想与实践由来已久，生态城市的创建是一个日趋合理的“趋近”过程，且人的主观行为不能代替城市的自然演进，只能引导而不能代替城市的自身演进。城市政府倡导生态城市建设，重在宏观引导。

（一）转变观念：城市系统为开放系统，但非无限系统

根据生态经济学原理，城市社会经济系统为区域生态系统的子系统，既是开放系统，也有其增长阈值，不可能超越区域生态系统而发展。城市系统从区域生态系统中获取城市发展要素，同时也向区域生态系统排放废弃物。当支撑城市发展的“源”与“汇”的规模超出区域生态系统阈值时，城市系统的发展必将不可持续。建设生态城市，首先要转变城市经济发展观念，回归“城市——我们的家”的主题，从以经济增长和市场福利提高的城市发展目标转变为经济发展和社会福利全面提高的城市发展目标，科学认识区域生态环境与城市社会经济系统之间的关系，在区域生态系统“阈值”范围内提高城市发展质量。

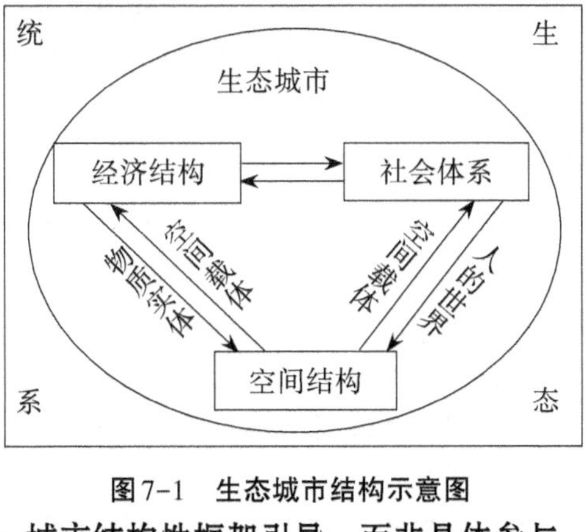

图7-1　生态城市结构示意图

（二）宏观引导：城市结构性框架引导，而非具体参与

城市政府除了基础设施和公共服务设施等基本公共产品的提供与管理外，不宜具体参与属于市场经济范畴的社会经济活动。城市政府主导生态城市建设，重

在引导，可借助的载体为城市结构。也就是说，依据城市发展规律，因势利导，逐步建立和优化城市生态化演进的结构性框架，旨在趋于生态化的框架下引导各方利益的实现和人地关系的协调，推动城市的生态化演进。

随着人类社会的进步与发展，城市“城”的角色相对减弱，“市”的作用在增强。经济在城市中成为人们之间、城与城之间的重要纽带，成为人类影响自然环境最为突出的作用因素。不同的经济活动构成了城市经济结构，而经济活动落实于一定的地理空间才能实现，相互对应关系构成了城市空间结构。不同的城市空间发展形态，影响着城市未来的经济质量、发展潜力与健康状态；区域内城镇之间的协作与竞争，构成了区域城镇空间体系结构，决定着区域城镇和经济发展形态。社会制度、人文传统等城市社会体系潜移默化影响城市的各个领域，贯穿始终，影响深远。城市三大结构之间环环相扣，城市空间结构为城市经济发展和社会进步提供空间载体，社会经济则构成了城市中物质实体与人的世界，共同构成城市的基本框架。优化各个结构及结构间的相互关系，为生态城市创建搭建基本框架；在此框架下，激发城市生态演化的潜力与内在动力，引导生态城市建设步入正轨。

三、城市政府视角下的生态城市建设重点

城市政府倡导生态城市建设，重在优化城市经济结构，转变经济发展方式；优化城市空间结构，统筹城市长期发展；优化城市社会结构，提高城市发展质量。

（一）优化城市经济结构，转变经济发展方式

城市发展以经济发展为支撑。能否实现经济的持续发展对于生态城市的建设与发展具有重要的意义。总体而言，城市经济主要指发展什么和怎么发展的问题，构成了城市的产业结构；如何发展，构成了城市经济运行方式。城市经济发展是一个长期的过程，不可一蹴而就。优化城市经济结构，也是一个长期的动态过程，既不可“跃进”，也不可“停滞”。

到目前为止，全世界尚没有一个公认为生态城市的城市，甚至被评定为宜居城市的城市也为数不多，且大多是环境优美、工业经济不十分发达的小城市。究其原因，经济因素居多。或者经济落后，难以满足城市居民生活需求；或者经济发展严重干扰了城市赖以生存的生态环境，城市居民物质生活水平大幅度提升，而人居环境日益恶化。以优化城市经济结构、转变经济发展方式为突破口，实现城市经济的持续、健康、协调发展。

1.“大经济、小生态、小福利”向“大生态、小经济、大福利”的视角转变

传统经济发展理念中，将经济系统看作是游离于生态系统之外的孤立系统，不可避免地产生城市经济无限增长的思想，从而过分追求经济的增长，致使经济

总量增长较快，城市居民福利提高缓慢。建设生态城市，在认识上要实现以往“大经济、小生态、小福利”向“大生态、小经济、大福利”的转变，将城市经济系统视为区域生态系统的亚系统，在生态系统承载力范围之内实现福利增长、经济发展与物质消耗之间的脱钩，追求经济质量与社会福利的共同提高[13]。

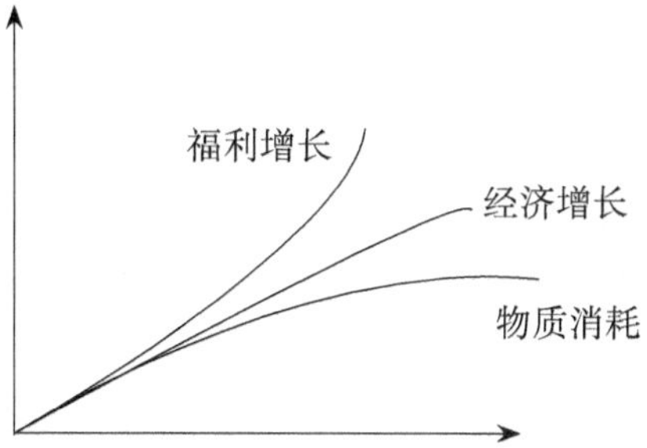

图7-2　生态城市经济系统发展目标

图示引自诸大建《作为可持续发展的科学与管理的生态经济学——与主流经济学的区别和对中国科学发展的意义》（载《经济学动态》2009年第11期，第47-53页）一文，原图名为“生态经济学的发展绩效和两个脱钩”

2. 调整城市经济结构，提升持续发展水平

创建生态城市离不开经济的快速、健康发展，其前提是要建立科学、合理并富有弹性的城市经济体系与经济发展机制，其中产业结构是最为核心的内容。

注重历史传承性，坚持因地制宜原则。任意时点的城市发展态势既是以往发展的结果，也是往后发展的起点。城市发展演化通常一脉相承，具有连续性。优化城市经济结构，须厘清城市发展来龙去脉，借鉴历史经验教训，体现自身特性与时代合拍。不同地域环境孕育不同的城市。城市自身的发展条件意味着相应的发展道路。坚持因地制宜原则，避免经济同构，乃至城市同性现象。

坚持市场化与生态化并举原则。完善市场经济体制是城市经济健康持续发展的基础。产业生态化与发展循环经济是城市生态化发展的有效途径；通过市场化为生态城市创建提供经济基础，通过生态化为生态城市提供与环境协调的途径，市场化与生态化的有机融合，促使生态城市建设成为“自觉演化”过程。

积极发展富民经济。“人们为了生活来到城市，为了更好的生活而居留于城市”，这是亚里士多德在两千多年前说过的话。创建生态城市，保障城市“人尽其才”“才尽其能”“人取所需”，城市中劳动力数量与就业岗位之间须实现平衡，体现生态城市“保护人、尊重人”的特征。

3. 转变城市经济发展方式，增强持续发展能力

在众多人类活动中，经济活动对城市生态影响最为直接、最为明显。建设生态城市，要发展经济，但不能按照传统的方式发展，需要采用一种可持续的发展模式。也就是说，建设生态城市的重点是转变传统经济发展方式。

理论及实践表明，发展循环经济，是一种有效的转变传统经济发展模式的生态化途径，有效调整产业体系及经济发展模式，从根本上协调城市经济活动与城市生态环境的关系，使得生态城市的建设建立在经济发展与生态环境和谐的基础之上，真正做到经济、社会、自然的和谐统一。[14]

发展循环经济是生态城市建设的重要组成部分，但不是全部，主要集中于生产与消费领域。通过企业层面的清洁生产、企业之间建立生态工业园区，以及构建整个市域范围的循环社会来实现城市经济健康、持续、协调发展。生产企业通常构成了城市经济活动的基础，且与自然环境联系最多，既从自然环境获取资源，生产人类所需的各类产品，同时向环境排放废弃物，干扰自然系统的平衡。在生产企业内部进行循环经济改造，提高资源与能源的利用效率和微观经济系统的生产效率，从源头减少城市经济活动对于生态环境的干扰。在消费领域，加强绿色产品的宣传与应用，全城协力，减少对生态环境的干扰。由于在目前经济水平条件下，单个企业不可能消化或将投入生产的所有资源和能源转化为有效产品，必然产生相应的废弃物和中间产品。通过建立生态工业园区，将生态经济学原理、循环经济理念与产业集群运作模式相结合，搭建促进企业间交流与协作的空间平台，探索生态城市经济发展实践之路。产业集群的产生、发展与演化，是市场经济行为结果，而循环经济理念，更多地表现为理性思考和人为改造经济发展方式，将市场经济与循环经济相融合，并在生态工业园区中得以实现，有助于生态城市经济与市场接轨，避免生态城市仅为理论探讨式的“空中楼阁”。限于目前经济技术条件，各个产业不可能对所有资源“吃干榨尽”，不可避免产生一些废弃物。在全市通过零排放设计、水资源的一体化管理、固体废弃物一体化管理等途径，发展生态城市资源再生产业，在生产经济系统的末端处理好经济活动与自然环境之间的关系。

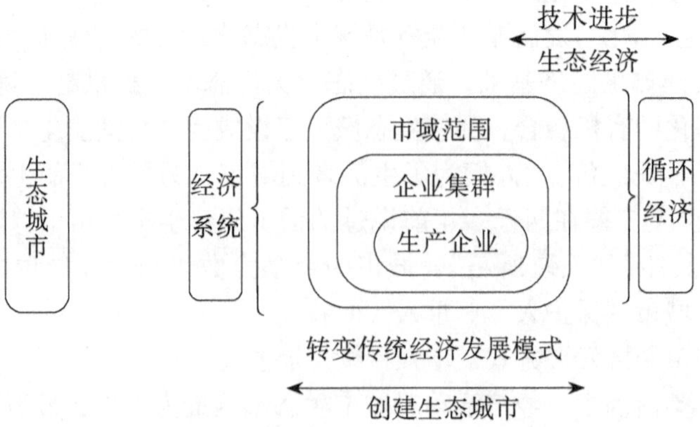

图7-3　生态城市经济系统的实现思路

（二）优化城市空间结构，统筹城市持续发展

在哪发展，涉及人类不同经济活动的区位选择问题；在哪发展什么，属于人类活动与区域空间相协调问题，整体构成了城市的空间结构。一定区位内的人类经济活动与相邻区域或其他区域存在多方面的、或强或弱的联系，从而构成了区域城镇空间结构。生态城市要求经济、社会、环境各个系统的协调，作为承载城市各项活动的空间结构，增强其弹性和适应性，统筹城市持续发展。

1. 增强城市空间结构弹性，引导空间形态有序发展

深圳市因其组团式的空间结构，在城市经济快速发展情况下表现出了极大的弹性和适应性，避免了城市规模迅速扩张条件下众多城市问题的产生。[15] 深圳市的例子表明，合理的城市空间形态和空间开发战略，有助于城市朝着健康的方向发展。

坚持生态城市空间发展战略的长期性与稳定性。城市空间发展战略重点是对城市空间形态格局、城市拓展方向、发展战略等重大问题的确定，为潜在的城市发展潜力释放及城市成长演化创造巨大的空间适宜性和弹性。城市空间形态演变是一个长期的动态过程，不可一蹴而就。创建生态城市必然要求城市政府制定城市空间长远发展战略，严格遵守和执行，注重发展战略的传承性与稳定性，逐步引导城市空间有序发展。实践表明，带状组团式的空间结构，对于城市经济发展与空间演化的适应性较强。但并不是所有城市均适用组团带状空间结构，要求因时因地，采用合理的城市空间结构与发展战略，或蔓延或跳跃，视自然环境条件及经济发展速度而定。

合理的城市密度体现人文关怀。城市密度是城市各构成要素密度的综合表现。生态城市要求合理的城市密度，可通过容积率、建筑密度、绿化率等指标和途径引导和控制城市空间密度。合理的城市密度有利于城市人类社会经济活动与城市生态环境的协调，改善人居环境；同时，有利于信息的传递与交流，发展生产的专业化与社会化，提高劳动生产率。合理的城市密度是生态城市创建的基础。

人工环境与自然环境有机统一。城市是人类对自然影响和改造最为突出的地方，同时也是人类文明发展的结晶和进一步发展的起点和基础。人类对自然环境的改造形成了人工环境，自然环境则是城市赖以生存与发展的“本底”。人工环境的演变离不开与自然环境的协调，自然环境依人工环境的改变而改变，且一定程度上受到人类活动的干扰。创建生态城市，须实现人工环境与自然环境的有机统一。居住社区的设计与营建，包括环境营造、建筑材料选择、能源利用、废弃物资源化利用等多个方面体现生态绿色理念，突出新型环保技术的应用，建设生态型居住小区。通过交通组织、交通工具、交通能源、出行方式等的优化选择，降低城市发展成本，减少城市交通对于生态环境的干扰。完善城市基础设施是保

障生态城市运行和发展的基础，主要包括：逐步优化能源结构，积极利用清洁能源，提高能源的利用效率；突出体现水资源的一体化管理，强调水资源的利用—处理—利用的循环，提高水资源的利用效率，减少和杜绝向生态环境排放污水；实行推行废弃物零排放设计和废弃物一体化管理制度。通过建立生态城市的支撑体系与人类活动对于自然环境影响的缓冲体系，保障生态城市与自然环境的协调共生。

2. 完善城镇体系结构，促进城乡统筹发展

区域城镇空间结构表现为由不同城镇构成的规模等级结构、城镇职能结构以及空间分布结构。尽管区域城镇体系结构中各城镇规模和职能在大尺度时间跨度中会发生变化，原来的首位城市会衰退为次级城市，而原来规模小的城市却因外界因素的变化成长为首位城市。但就一般而言，区域城镇体系结构相对稳定。创建生态城市，在对城市职能、城市性质研究的基础上，科学预测城市规模，并在城市规模、城市职能、城市性质三者之间形成及时的互动反馈机制，确保城市发展与其城市职能相协调。充分发挥市场对资源配置的基础性作用，形成区域城镇之间畅通的协作与竞争联系，提高经济发展质量，塑造城市特色。优化区域城镇空间结构，不仅要依据城市自身发展趋势，更应基于区域生态环境承载力，以此引导城镇合理空间分布。区域性重大基础设施属于区域城镇空间结构的重要组成部分，同时兼顾城市间联系与生态环境约束。

（三）建立生态化的城市社会体系，塑造生态城市软环境

建设生态城市除了推动经济健康发展和空间结构优化外，还需要建立生态化的城市社会体系，以保障生态城市建设顺利进行。城市社会体系包括以法律制度、管理决策、思想意识、社会文化等以人为中心的非物质要素，构成了生态城市软环境[16]。

1. 建立健全生态城市建设法制体系，推进依法行政

建设生态城市是一项在城市政府主导下全民参与的长期性工作，系统性强，涉及面广。加强立法工作，健全生态城市建设的法律体系，使各项工作有法可依，为建设工作持续进行奠定基础；依法行政，创建文明有序的政治环境，优化政策与投资环境，完善监督机制；以法律的形式明确生态城市各建设主体的地位及其职能，尤其突出城市政府部门的权限与职责；完善生态城市规划和管理体系，包括对各项规划的编制、审批、实施等工作的管理与监督；建立听证会制度，为广大市民提供参与生态城市建设的有效渠道。

2. 完善城市政府管理体系，提高管理效能

城市政府主导生态城市建设，转变以往以行政命令直接干预的管理方式，推行以引导为主的间接管理。实施间接管理，需要借助系列的管理工具，包括：建立健全城市规划管理体系，完善规划实施评估机制；完善城市发展的实时监测与

反馈机制，包含城市空间形态演化、土地构成变化、居民生活水平变化等；完善和严格执行项目审批制度，避免项目空间布局错位或者项目违背生态原则；加强宣传，引导全民参与生态城市建设。

3. 营建城市社会生态文化氛围，推进生态文明演进

生态城市是以城市生态文化为主流的文化存在状态[17]。生态文化本质上是一种人与自然的共存共荣的社会意识形态，其价值基础是人与自然平等相处。生态文化是生态城市的灵魂，是生态城市命题的题中之义。生态文化的兴起与发展，源于工业化进程中生态危机的加剧，是生态文明的体现，是一种新的人类生存方式，为生态城市建设提供智力支持、精神动力和发展方向，同时也有助于生态城市建设凝聚社会合力和向心力，提升生态城市竞争力。积极营建城市社会生态文化氛围，引导城市居民和企业个体转变观念，增强社会生态意识，以加强精神层面的生态文化对生态城市建设的支撑作用。

综上所述，城市发展演化具有人为作用与自然演化相结合的特征。创建生态城市，涉及内容十分广泛，其过程具有长期性、综合性和复杂性特点。生态城市从理论到实践、从理想到现实，需要突破口和实现路径。本章基于城市政府的视角，从建立生态经济体系、富于弹性的城市空间结构以及生态化的城市社会体系三个方面搭建城市生态化演进的结构性框架，实现人为引导与自发演化的有机统一，既可通过人类作用推动生态城市的建设进程，又同时避免人类对于城市发展演化的过度干预。

参考文献

［1］原华君，司马慧. 生态城市的概念与发展回顾［J］. 国土与自然资源研究，2005（4）：17-19.

［2］王如松. 高效和谐——城市生态调控原则与方法［M］. 长沙：湖南教育出版社，1988.

［3］Register R. Ecocities ［R］. INCONTEXT (a quarterly of humane sustainable culture) # 8， Winter 1984：31.

［4］Register R. Eco-city berkeley： building cities for a healthier future ［M］. CA： North Atlantic Books， 1987：13-43.

［5］马世骏，王如松. 社会—经济—自然复合生态系统［J］. 生态学报，1984（1）：1-9.

［6］王如松，欧阳志云. 天城合一：山水城建设的人类生态学原理［A］//鲍世行，顾孟潮，主编. 城市学与山水城市［C］. 北京：中国建筑工业出版社，1994：285-295.

［7］黄光宇，陈勇. 生态城市概念及其规划设计方法研究［J］. 城市规划，

1997（6）：17-20.

［8］陈勇.生态城市理念解析［J］.城市发展研究，2002（1）：15-19.

［9］毛锋，朱高洪.生态城市的基本理念与规划原理和方法［J］.中国人口·资源与环境，2008（1）：155-159.

［10］王崇奉.基于生态城市的可持续发展产业集聚问题研究［D］.青岛：青岛大学，2008.

［11］蒋皋，刘洪彪，陈丽芳.生态城市本质新思考和战略发展方向探讨［J］.国际城市规划，2009（1）：97-102.

［12］文宗川，郝晓燕，巩芳，等.生态城市的发展路径［J］.城市问题，2009（2）：24-26.

［13］诸大建.作为可持续发展的科学与管理的生态经济学——与主流经济学的区别和对中国科学发展的意义［J］.经济学动态，2009（11）：47-53.

［14］滕海峰.生态城市建设中的循环经济应用研究［D］.兰州：兰州大学，2007.

［15］赵燕菁.高速发展条件的城市增长模式［J］.国外城市规划，2001（1）：27-33.

［16］高新才，斯丽娟.干旱区生态城市软环境建设研究——以甘肃省张掖市为例［J］.城市发展研究，2009（11）：16-17.

［17］王丽，肖燕飞.生态文化在生态城市建设中的作用刍议［J］.广西社会科学，2009（2）：125-128.

第八章　生态文明视角下干旱区城市建设的理念与重点①

相对于贵阳、南平的自然生态优势，青岛、杭州等城市的经济基础和区位优势，干旱区城市提出建设生态城市，如同时将“干旱区”与“生态城市”两个本来风马牛不相干的概念联系在一起，是否是天方夜谭？可以确定的一点是，生态城市是一种城市发展理念，而不是有山有水的地方才能建设生态城市，也不是“湿润区”的专利。“干旱区”与“生态城市”耦合，既是干旱区城市发展模式的创新，也是生态城市理念在特定地域的实践。干旱区脆弱的生态环境呼唤着生态文明的兴起，生态文明的兴起与繁荣，呼唤着生态城市茁壮成长，为其搭建平台与载体；干旱区生活的人们同样呼唤着生态城市的建设，既是对原有城市发展模式的反思与改革，同样是探寻生态文明发展的重要途径。干旱区生态城市的提出与实践，有助于生态城市从理论走向实践。

在以往干旱区与城市关系的研究中，主要集中在以下几个方面：干旱区城市化与生态环境的关系[1][2][3][4]、干旱区城市的水资源约束[5][6]、干旱区城市生态景观建设[7]、干旱区城市生态环境[8][9]、干旱区资源型城市发展[10][11]等方面的研究。相对而言，将干旱区与生态城市联系起来的研究为数不多，祁明霞（2006）[12]在其硕士毕业论文中以新疆阜康市为研究对象，探讨了干旱区生态城市环境规划的相关问题；张明军、刘园园、熊友云（2009）[13]以兰州市为例，对干旱区生态城市生态位变化进行了研究。可见，干旱区生态城市的提法相对较少，干旱区建设生态城市尚未引起社会各界的足够重视。本章就干旱区生态城市概念的解析、哲学基础、建设理念及建设重点进行讨论。

一、“干旱区”与“生态城市”的概念耦合

干旱区生态城市中的“干旱区”，并不是荒无人烟的沙漠地带，而是有人类活动和城市存在的干旱区中的人类活动集中区。

---

①该文是在兰州大学读博期间在高新才老师的指导下撰写的一篇论文，发表在《井冈山大学学报》（社会科学版）2010年第1期。

（一）干旱区生态城市概念理解

从字面意义上看，干旱区生态城市是“干旱区”“生态”“城市”三者的结合，也是“干旱区”与“生态城市”的耦合。按照前者理解，“干旱区”表明地域和地理环境特征，“生态”表明城市发展性质和发展方式，“城市”是人类社会活动的主要集聚地和人类文明兴衰的载体，三个概念的融合，阐述干旱区特定地域条件下按照生态文明理念的城市发展模式。按照后者理解，则强调干旱区特定地域条件下的生态城市，既包含地域特征，也包含了城市发展目标——生态城市。综合而言，干旱区生态城市不仅是对干旱区传统城市发展模式的变革，也指明了干旱区城市的发展途径和发展目标，即实现生态城市的理想。干旱区生态城市是一个逐步的“进化”过程，并非一个终极目标；它不是“乌托邦”式的构想，是一种“务实的理想主义”[14]。

（二）干旱区生态城市特征

干旱区生态城市与传统城市相比，反映了可持续性、和谐性、高效性、整体性、多样性和全球性的时代特征，是干旱区追求城市理想、发展生态文明、紧握时代脉搏的载体和突破口。干旱区生态城市作为一种城市模式，与干旱区传统城市发展模式的区别，主要表现在：（1）城市发展的目标不同。城市化进程速度加快的过程中，城市化被赋予了解决贫困问题、失业问题、“三农”问题等诸多任务，原本追求人居环境的城市发展目标，变成了单纯的GDP增长和城市规模的扩张。干旱区生态城市追求人居环境的改善和生活质量的提高以及社会、经济、生态的和谐。（2）城市发展的方式不同。传统城市在扭曲了的城市发展目标指引下，通过“圈地运动”扩大城市的用地规模，通过城市规划和移民扩大城市的人口规模，通过经济的粗放型增长实现城市GDP增长，而忽略了城市赖以生存和发展的自然环境；干旱区生态城市追求与自然生态环境协调条件下的城市发展，突出强调高效性、可持续性，合理的城市规模扩张与功能完善并举、快速高效的经济发展与人居环境改善并举。(3）城市发展的动力不同。传统城市发展的动力除了城市自身发展演化外，更多地来自于城市政府的推动。这种方式在城市发展初期，很大程度上推动了城市的发展。当城市发展到一定规模之后，由于政府行为超越了城市发展规律和经济发展规律，致使城市发展的方向偏离了城市演化原有轨迹；干旱区生态城市的发展动力应该来自于城市市民对于人居环境的追求、经济发展规律、城市演化规律和政府引导的综合作用。(4）城市发展的视角不同。传统城市就城市论城市，局限于城市自身增长，忽视了城市所赖以生存与发展的自然环境和城市各项功能的整体推进。干旱区生态城市强调城市在整体协调的新秩序下寻求发展，要求与干旱区自然环境相协调的因地制宜发展模式，追求开放的发展理念，加强与各个地区城市的交流与合作，融入全球经济社会系统之中。

干旱区建设生态城市则因其位处干旱区而具有浓厚的地域特色。“干旱区”本身为生态城市的建设带来了种种先天制约条件，但也为生态城市理念在干旱区特定地域条件下的实施提供了得天独厚的机遇。可以说是机遇与挑战并存。干旱区生态城市与一般论述的生态城市相比，除了具备生态城市的特性之外，还具有干旱区环境所赋予的地域特征。（1）城市发展目标不同。在人们的印象中，生态城市等同于花园城市、山水城市，绿地率高，生态环境优美；而干旱区生态城市因其所处的自然环境，制约了城市向山水城市的发展。按照生态城市的发展理念，干旱区生态城市追求城市健康的运行状况和城市发展与自然环境的协调，包括适宜于本地的经济结构与经济发展方式、满足城市健康运行和未来发展的空间结构、经济活动与城市用地布局的完美协调、城市中社会氛围的和谐及人类活动与自然环境之间的协调等。（2）城市产业发展侧重点不同。干旱区生态城市发展过程中，缺水是干旱区城市发展过程中的普遍现象，节约用水与高效用水成为城市发展的主要途径。干旱区生态城市发展中举“节水旗”，发展节水型技术和产业，全社会奉行节水理念，构成了干旱区生态城市经济发展的特征。（3）城市景观追求不同。一般意义上的生态城市往往与山水城市相关联。而干旱区生态城市地处干旱区，广袤的干旱区以戈壁、沙漠等“黄”色构成了本底特征，星星点点的荒漠植被点缀着单一的干旱区景观。城市作为人类活动的主要集中区，遵循人居环境理念，按照因地制宜原则，科学绿化、美化城市环境，改善城市微观环境，成为干旱区中的一片绿洲。

二、干旱区生态城市建设理念

干旱区生态城市建设是一个系统性的、持续性的复杂过程，既要考虑经济规律、城市演变规律、自然环境等因素，同时还要充分发挥人类主观能动性，积极引导干旱区城市的生态化演进。为了更好地发挥人为因素在干旱区生态城市中的积极作用，要充分认识这项工作的系统性和阶段性，遵循生态哲学思想，运用系统生态学的方法论，立足于城市结构和系统的优化，营造生态文化氛围，逐步实现生态城市的理想。

（一）生态哲学思想

生态哲学是在人类社会发展遇到环境危机、能源约束等问题的时刻应运而生的，它为干旱区生态城市建设提供了一种新的伦理道德观。以此为基础，在干旱区生态城市建设中应当始终突出强调以下几个方面的内容：（1）城市与其赖以生存和发展的自然环境之间的相互关系，充分认识水资源、气候条件对于城市发展的制约性，从与自然一体的角度统筹规划建设生态城市。（2）充分认识自然环境的价值，超越人们以往把自然物、非人类的生命体看作是人类的“工具”和“资源”的狭隘认识，肯定所有自然物、生物物种具有内在的、固有的价值，既可正确认识人在自然界中的生态位，也可更深地体察自然界对于自身持续健康发展的至关重要性。[15]（3）干旱区生态城市的创建，应尊重城市发展演化规律和人类社会文明演进规律，将优化城市结构作为人类引导城市生态化的落脚点和作用方式，避免过多干预。

（二）系统生态学方法论

干旱区生态城市是一个复杂巨系统。将干旱区生态哲学思想转化为具体的建设过程，应当遵循的系统生态学方法论[16]主要表现为以下几个方面：（1）协同性原则。协同理论引入干旱区生态城市建设系统，对现有的城市整体发展的演化规律做出系统评价和综合研究，科学、快捷地解决城市建设协同性的现实性问题。干旱区生态城市建设是在动态中寻求平衡，在协同中得到发展，要求社会的进步、经济的发展和环境的保护三者之间的协同，即人与自然的协同发展，促进经济效益、社会效益和生态效益的同步提高。（2）开放性原则。干旱区生态城市是一个与中心城区、周围城镇、乡村紧密联系，与区域内外城镇相互竞争和补充的开放系统，既与自然环境进行着复杂的物质、能量交流，同时，又与区域内及全球各个地区其他城市进行交流与合作，使得城市能够融入全球经济社会系统之中。（3）整体优化原则。干旱区生态城市建设系统整体优化的目的，关键是要实现系统的要素与要素、局部与整体、眼前与长远之间的协调发展，确保建设效果和尽最大努力确保生态安全，减少、杜绝破坏生态平衡的行为，同时兼顾社会公益。（4）层次性原则。在干旱区生态城市建设中要求充分考虑区域性，追求城乡一体化发展，而且是建立在区域平衡基础之上的。城镇之间、城村之间相互联系、相互制约构成了城市区域城镇体系结构，区域城镇体系结构的优化和完善，有助于区域整体的发展、城乡生态化的整体演进。

（三）依靠后发优势，发挥比较优势

尽管干旱区历史上曾创造过灿烂的文化，就是在今天，也不乏发达的城市，但干旱区大部分地区经济发展相对落后，自然环境脆弱。干旱区城市，正因为落后，存在着无限的发展空间，客观上拥有着一种后发优势。尽管拥有后发优势并不能保障干旱区城市的健康发展，但干旱区城市如果能充分发挥自身的比较优势，扬长避短，则可以推动干旱区生态城市的创建，实现经济、社会、环境三种效益的整体提高，推动生态文明的兴盛和社会的进步。

（四）遵循客观规律，政府适时引导

干旱区建设生态城市，是一个连续的、漫长的过程。城市自身有其发展演变规律，人类通过合适的方式在合适的方面作用于城市的发展，方能影响城市的发展轨迹。城市规划主要解决城市空间发展问题，较少涉及城市经济社会方面的内容。考虑到城市是自然-经济-社会复杂巨系统，政府不能也不可能作用于城市的方方面面，不能越俎代庖。正如在社会经济发展中，政府除了建立市场体制外，其余由市场规律起作用，政府为市场的健康运行提供监管和服务。建设干旱区生态城市，需要充分发挥市场经济规律和社会经济发展规律的作用，实现政府引导与自身演化的统一，共同推动生态城市的建设。

（五）营造生态氛围，推动文明演进

干旱区生态城市生态经济体系的构建、空间的优化、环境的保护与美化，一方面是人为因素作用的结果，同时也是城市自身演化规律作用的结果。贯穿始终的是属于社会意识范畴的生态文化。生态城市是以城市生态文化为主流的文化存在状态[17]。生态文化本质上是一种人与自然的共存共荣的社会意识形态，其价值基础是人与自然平等相处。

生态文化是生态城市命题的题中之义。建设干旱区生态城市，应当着重营造生态文化氛围，构建城市生态之魂。生态文化的兴起与发展，源于工业化进程中生态危机的加剧，是生态文明的体现，是一种新的人类生存方式，为生态城市建设提供智力支持、精神动力和发展方向，同时也有助于生态城市建设，凝聚社会合力和向心力，提升生态城市竞争力。因此，创建干旱区生态城市，一定要高度重视精神层面的生态文化支撑。

三、干旱区生态城市建设重点

从以上粗略的比较和分析中，不难看出把建设干旱区生态城市作为干旱区城市理想发展模式的合理性。然而，现实问题是，建设干旱区生态城市毋庸置疑的必要性并不能保证其天然生成与自觉运作，从而也不能使人们完全准确把握干旱区生态城市建设的突破口和建设途径。目前，困难不仅仅在于扑朔迷离中“目标”的确定，更为艰巨的在于种种引诱下“手段”和“路径”的选择。这些“手段”是通过干旱区生态城市的构成系统和优化路径来实现的。

针对干旱区城市特征，我们认为，把“走节水之路”“发展生态经济”“优化空间结构”“保护和美化自然生态环境”“建立健全社会生态系统”等五个方面统筹结合，作为干旱区生态城市建设的突破口和重点，可以作为搭建城市生态化演进的整体框架和演进路径。其中，节水理念奠定了干旱区生态城市建设的基础，生态经济体系构成了干旱区生态城市建设的实体内容，合理的富有弹性的空间结构为干旱区生态城市经济、社会活动提供了发展空间和提升平台，保护和美化环境为干旱区生态城市提供了赖以生存与发展的环境保障，健全的社会生态系统为干旱区生态城市建设提供了智力保障和社会凝聚力。五个方面相互联系、相互作用、相互支撑，共同引导和推动干旱区生态城市建设。

一是走节水之路。水资源短缺是干旱区城市的普遍特征，制约着城市的发展。通过发展节水型产业，运用循环经济理念，提高水资源的利用率，是干旱区生态城市建设的重要举措，是科学发展观的直接体现。

二是发展生态经济。主要体现在两个方面：一是优化经济结构；二是转变经济发展方式。也就是要解决发展什么、怎么发展的问题。前者主要是针对干旱区自然气候特征和自身特色，遵循生态经济学理念，发展生态农业、生态工业和生态服务业，这是干旱区生态城市建设的关键。后者主要是指遵循“3R”原则，发展循环经济，变传统的线性经济发展方式为以物质循环利用和能量梯级利用为主要特征的闭路循环的经济发展方式，旨在提高资源的利用效率和废弃物的回收利用率，减少或杜绝向自然界排放废弃物。

三是优化空间结构。主要解决在哪发展什么、什么在哪发展的问题。城市空间结构包含城市内部空间结构和区域城镇空间结构。前者主要表现为城市空间形态、城市用地布局和城市密度，构成了城市空间载体，它们影响着城市的发展格局与潜力。后者是指区域中所有城镇构成的城镇体系结构。优化城镇体系结构，有助于城镇之间的协调发展，共同推动区域整体发展和生态化演进。

四是保护和美化自然环境。主要解决城市赖以生存与发展环境的问题。保护环境是干旱区生态城市建设的重要抓手；美化环境，是城市实现人居环境优美目标的重要体现。“良好的生态环境，在改善人居环境的同时，也优化了投资环境。”“没有可持续的环境就没有可持的发展，保护生态环境就是保护可持续发展能力，改善生态环境就是提高可持续发展能力。”[18]

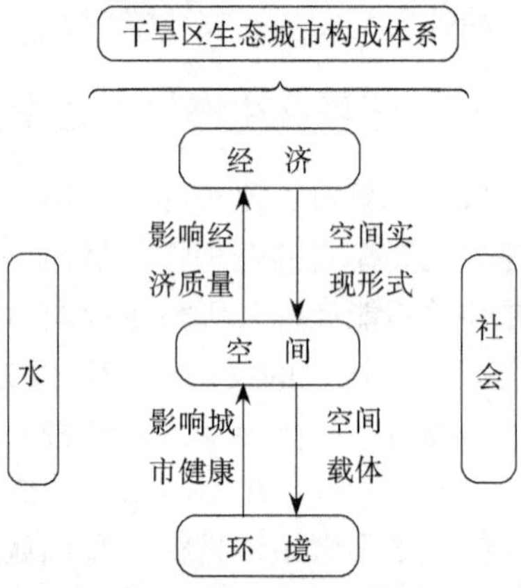

图8-1 干旱区生态城市构成体系示意图

五是社会生态系统建设。包括多元开放的公民生态意识培育、公正透明的法制环境构筑、规范有序的城市管理环境建设、社会生态文化氛围的营造等五个方面。主要解决谁来建、长期建的问题。干旱区生态城市建设是一项长期的、持续的、全局性的工作，通过社会生态系统建设，调动社会各界力量，推动生态城市建设持续进行。

干旱区生态城市的提出是对以往干旱区城市发展模式的创新，也是生态城市理念在干旱区的实践，有助于干旱区科学发展观的贯彻落实和“两型”社会的创建，进一步推动生态文明发展。秉承生态哲学思想，基于系统生态学方法论，依靠后发优势，发挥比较优势，遵循客观规律，坚持政府适时引导，充分发挥市场机制作用的原则，从走节水之路、发展生态经济、优化城市空间结构、美化生态环境、建立健全社会生态系统等五个方面入手创建生态城市，可以使干旱区生态城市从理念走向现实。

参考文献

［1］Grossman G， Krueger A. Economic Growth and the Environment. Quarterly journal of Economics， 1995，110（2）：353-377.

［2］Ruth Meizen-Dick， Paul P. Appasamy. Urbanization and Intersectoral Competition for water. Urbanization and water，2001：27-51.

［3］方创琳，黄金川．西北干旱区水资源约束下城市化过程及生态效应研究的理论探讨［J］．干旱区地理，2004，27（3）：1-7.

［4］艾尼瓦尔·买买提，麦麦提吐尔逊·艾则孜，海米提·依米提．干旱区城市化对城市内河水质的影响研究——以吐曼河为例［J］．水土保持研究，2007，14（3）：188-191.

［5］高前兆．塔里木盆地南缘水资源开发与绿洲的生态环境效应［J］．中国沙漠，2004，24（3）：286-293.

［6］方创琳，孙心亮．基于水资源约束的西北干旱区城镇体系形成机制及空间组织——以河西走廊为例［J］．中国沙漠，2006，26（5）：860-867.

［7］张艳芳，任志远．干旱区城市景观的演化与生态建设研究——以陕西榆林市为例［J］．干旱区资源与环境，2003，17（3）：17-22.

［8］孙心亮，方创琳．干旱区城市化过程中的生态风险评价模型及应用——以河西地区城市化过程为例［J］．干旱区地理，2006，（5）：668-674.

［9］刘占才．干旱区城市生态安全评价——以兰州市为例［J］．安徽农业科学，2008，36（4）：1523-1525（1532）.

［10］张永凯，马国霞．西北干旱区资源型城市发展与转型研究［J］．资源科学，2008，30（7）：1014-1017.

［11］王录仓，张云峰．干旱区矿产资源型城市可持续发展研究［J］.2004，27（3）：426-430.

［12］祁明霞．干旱区生态城市环境规划研究［D］．乌鲁木齐：新疆大学，2006.

［13］张明军，刘园园，熊友云．干旱区生态城市生态位变化研究［J］．西北师范大学学报：自然科学版，2009，45（4）：106-110（119）.

［14］陈勇．生态城市理念解析［J］．城市发展研究，2001，8（1）：15-19.

［15］王正平．生态文明的哲学基础［N］．解放军日报，2008-04-04（11）.

［16］王兴为．生态城市的哲学思考［D］．武汉：武汉理工大学，2006.

［17］王丽，肖燕飞．生态文化在生态城市建设中的作用刍议［J］．广西社会科学，2009（2）：125-128.

［18］顾阳，李佳霖．张家港：经济繁荣与生态优美的完美统一［N］．经济日报，2009-10-28（12）.

第九章　镇域经济内涵与发展思路①

人口总量大且农村人口比重大是我国的基本国情，并行不悖地推进城镇化和新农村建设符合我国的实际情况[1]。小城镇（镇区）是农村中心，镇与村相辅相成，互为存在的前提，在任何时候都不能割裂镇村联系，它们共同构成了镇域经济，强调以具有集聚与辐射带动功能的小城镇为核心所形成的农村区域经济单元。促进镇域经济发展，是实现我国“城乡统筹发展、保障农村”[2]的重要途径，直接关系到全国一半以上人口的增收致富与生活水平的提高。

目前，我国关于镇域经济发展的研究较少。在少数理论研究文献中，祝艳[3]较早阐述了镇域经济的概念。魏后凯（2010）[4]提出要实现镇域经济的科学发展，认为镇域经济是“县域经济的基础，是壮大县域经济总量、提升县域竞争力的关键环节”，其镇区是城镇的重要组成部分，是“介于市与乡之间的较低层级的城镇居民点。它起着联系城乡经济的纽带和桥梁作用，既是统筹城乡发展的重要载体，也是乡村人口和非农产业的集聚地”。马林靖、周立群（2009）[5]认为镇域经济的研究侧重于乡镇行政区域内的经济，首次通过建立测度镇域经济发展的指数指标体系，科学直观地量化各乡镇社会经济发展程度。本章通过分析“小城镇”发展战略实施中存在的问题，认为促进镇域经济发展是对国家“小城镇”发展战略的视野拓展，有助于促进农村地区发展，夯实国民经济基础，实现城乡统筹发展；并从培育农村经济中心、建立城乡良性互动机制、发展主导产业、积极发展NGO（非政府组织）作用以及塑造新型农民五个方面提出了镇域经济发展思路。

一、“镇域经济”发展背景

自1978年至2009年底，我国建制镇数量从2173个迅速增加到19322个，增加17149个。但在小城镇数量增加的同时，产生了“空间城镇化”快于“人口城镇化”、土地利用效率低下、社会成本高等问题。根据《2007年城市、县城和村

①该文发表在《甘肃科技》2013年第18期。

镇建设统计公报》，2007年底，我国建制镇建成区1.311亿人，占村镇总人口的14.1 %，平均镇区人口规模仅有7845人；全国建制镇建成区面积2.84万平方公里，平均每个建制镇建成区占地170公顷，人均占地216.7平方米，是县城的（111.1平方米/人）1.95倍，设市城市城区的（93.3平方米/人）2.32倍①。由于小城镇建设全国全面铺开，造成占用土地、环境污染和公共基础设施性投资等社会成本极高[6]。

就小城镇集聚与辐射功能而言，大多数小城镇，尤其西北欠发达地区的小城镇基础设施条件低劣，产业经济基础薄弱，经过多年的发展尚不具备对民间资本、剩余劳动力以及产业的吸引力，而且八九十年代发展的乡镇企业大多已破产。随着交通和通信条件的日益改善，农民进入大中城市的成本大幅度减少，农村经济主体的空间活动范围日益表现出“城市倾向”，致使小城镇缺乏农村腹地的支撑而发展乏力。

针对以上小城镇发展中存在的问题，本章认为应充分认识小城镇与农村经济之间的联系，避免就城镇论城镇，要拓展小城镇战略视野，积极发展镇域经济。

二、“镇域经济”内涵及意义

小城镇建设、新农村建设、城乡一体化等国家战略实施的最基层行政单元是乡镇。从空间范围、发展机制、发展目标、发展动力、空间结构五个方面拓展“小城镇”战略视野，激发农村内在发展动力，培育自身发展的“造血机制”，实现农村地区持续发展。

（一）“镇域经济”内涵

1.空间范围上由“镇”扩及“域”

小城镇规划与建设是一个长期的客观演化过程，伴随着广大腹地农村的发展和各种发展要素向城镇逐步集聚，城镇与农村发展相互促进、互为前提。若离开了农村发展而人为追求小城镇建设，无异于舍本逐末。1996年6月，联合国人类住区第二次大会（简称“人居二”大会）在土耳其伊斯坦布尔召开，通过了《伊斯坦布尔宣言》和《人居议程》（原则、承诺和行动计划），以处理城乡人类住区的有关问题。其中提到：“城市和农村的发展是相辅相成的。除改善城市生活环境外，我们还应努力为农村地区增加适当的基础设施、公共服务设施和就业机会，以增强它们的吸引力；开发统一的住区网点，从而尽量减少农村人口向城市流动。”促进镇域经济发展，不仅要发挥小城镇对农村的辐射带动作用，更要注重广大农村的发展。

---

① 资料来源：http：//www.mohurd.gov.cn/hytj/jshytjgb/200806/t20080624_173507.htm（中华人民共和国住房和城乡建设部，《2007年城市、县城和村镇建设统计公报》）。在计算人均占地时，人口包括建制镇常住人口和暂住人口，占地面积指镇区建成区面积。

2. 发展机制上由“筑巢引凤”转变为“农民主动城镇化”

就城镇化本身而言，城镇化的行为主体是农民，是他们在进行着农转非的身份转变、职业转变以及空间迁移。离开了农民的意愿和行为来建设小城镇无异于缘木求鱼。地方政府往往通过扩大基础公共服务设施投资推动小城镇建设，“筑巢引凤”，但对农民的吸引力并不强。从农民朴素的生活逻辑出发，除了考虑“城镇化”的成本因素外，就业机会、生活环境以及发展机会等都是他们的考虑因素。因此他们宁可付出高成本也要进入城市，目前许多地区出现的农民进城买房供孩子读书就是最好的例证。当然，农民城镇化是一种客观存在和历史过程，进入小城镇还是城市是农民权衡各方面利弊的选择，两者均是中国城市化的有效途径，而不一定将小城镇作为农村城镇化的唯一载体。而推进城镇化进程，既要提高城乡基础公共服务设施水平，更要提升农民素质，增强农民主动城镇化的能力。

3. 发展目标上由“城镇化率”转变为“生活质量城镇化”

促进城镇化的肯綮不是“农民市民化”和“人口城镇化”，而在于切实提高农民收入、改善农民的生活生产条件，缩小城乡差距。其途径在于科学发展观的指引下，提高农民的增收致富能力和生活质量，完成“空间城镇化”“人口城镇化”向“生活质量城镇化”的转变[7]，由GDP的上升向“民富”的转变，真正体现“以人为本”的发展理念。

4. 发展动力上由“单引擎拉动”转变为“多轮驱动”

尽管最早建设“小城镇”理念的产生与发展源于当地乡镇企业的发展，但后来推广小城镇战略主要来自于国家和当地政府的推动，其出发点是寄希望于农村小城镇的辐射来带动农村地区的发展，但至目前，许多地区的小城镇对所在农村地区的集聚和辐射作用尚未形成。强调发展镇域经济，就是要发挥城市、国家政策“自上而下”的带动作用，也要激发农民、地方政府或组织等微观经济主体“自下而上”的动力，形成多轮驱动的高效发展机制。

5. 空间结构上由“点”扩展到“点—线—面”

镇域经济空间范围相对较小，但基本具备区域经济的各项要素。在发展层次上包括小城镇、村庄、农户；在空间结构上，一般呈现出以小城镇为核心，以主要交通线为主的“点—轴”发展格局；在发展水平上，镇域内部同样存在明显的村际差异。针对客观存在的空间结构，不能仅仅重点关注“点”，更要注重“面”的发展，小城镇是农村区域中的小城镇，它的发展离不开区域的发展，两者唇齿相依，共同发展。

（二）“镇域经济”发展意义

促进镇域经济发展，就是在促进农业发展、农民增收和农村发展，有助于缩小城乡差距，夯实国民经济基础，实现国民经济全面、协调、可持续发展。

1. 促进农业发展，牢固奠定国民经济发展基础

经过三十多年的快速发展，我国城市化、工业化进程取得极大成就，但不容置疑的是，中国仍是一个拥有7亿农民的“农村”大国，总人口中仍有较大比例的人口较少享受城市文明与工业文明，所从事的职业仍然是农业，发展缓慢，生产落后，收入水平较低。“农业兴，基础牢；农村稳，天下安；农民富，国家安。”农业的基础性地位永远不能改变，广大农民的利益需要保障，这关系到国家发展的长治久安。促进镇域经济的发展，很大程度上就是在发展农村，解决“三农”问题，巩固国家发展基础。

2. 提高农民收入，激活国民经济发展动力

目前，城乡互动的商品流特征：城市高附加值的工业品流向农村；农村低廉的劳动力和附加值极低的农产品流向城市，造成了城市对农村价值的双重剥离。如果考虑到农民进城看病、子女进城求学等公共基础服务设施差异造成的农村资金的单向流动，城乡互动的结果仍然是农村支持城市发展，而农村自身发展举步维艰。同样，农村发展缓慢也限制了城市的发展。农民收入微薄，增收缓慢，除去看病、求学、修建房屋等基本费用外，还要储蓄以备不时之需，剩下的可自由支配收入很少，客观上对城市工业产品难以形成有效需求，事实上制约了国民经济的发展。促进镇域经济发展，普遍提高农民收入，激活中国70%的农村市场“需求”，增强国民经济健康发展的持续动力。

3. 促进农村发展，推进中国城镇化进程

城镇化乃至统筹城乡发展是一个长期的系统过程，需要综合各方面因素，协调各方利益，不可一蹴而就。农业和农村是中国国民经济体系中最薄弱的环节，但辩证地讲，也是宏观经济最具潜力的增长点。剩余劳动力向城市转移是城镇化过程的一个方面，并且以城市提供就业岗位和吸纳外来务工人员为前提。针对城市就业形势日益严峻的现实，大多数农民的出路可以不在于进城，而在于农业和农村的发展，在于农村生产力的提升和农业生产链的延伸。为什么不能依靠农村经济自身的发展来消化农村的大部分劳动力而非要走进城的独木桥呢？[8] 由于预期收益和比较收益的降低、难以融入城市生活等原因，近年出现了农村劳动力转移回流现象[9]。这在一定程度上说明了优化农村发展环境，实现农村人口向非农产业和城镇的逐步转移，循序渐进，符合中国农民人口比重大、城市现阶段接纳能力有限的现实，逐步推进中国城镇化进程。

三、镇域经济发展思路

由于在国民经济中的基础性地位和空间上的“农村”特性，应当着重从以下几个方面促进镇域经济发展：

（一）集中力量建设重点镇，培育壮大镇域经济中心

鉴于近年来小城镇建设全面铺开所造成的资源分散、大量占用土地及集聚规模经济不明显等问题，应当集中力量建设区域中发展潜力大、辐射带动力强、区位条件优越的城镇，一般包括小城市、县城城关镇、中心镇，真正发挥上接大中城市、下连广大乡村的组织城乡生产要素和产品对流的桥梁和枢纽作用，辐射和带动农村地区发展。由于城镇建设重点集中，有助于集中有限资源培育壮大区域中心，易发挥集聚规模效应。2009年底，全国有1464个城关镇、2928个中心镇（假定每个县设置两个中心镇），这样重点建设的小城镇有4392个；全国共有19322个建制镇，14848个乡政府所在地及一些集镇，仅前两项就有34170个。若全面铺开建设小城镇，则覆盖面是重点镇的7.78倍以上。

（二）逐步建立城乡良性互动机制，实现"以城带乡"

逐渐转变城市和工业倾向的政策取向，建立城乡良性互动机制，促进物品与资金在城乡两个市场之间的自动流动，增强农业和农村的自我发展能力；同时，经济开拓农村市场，扩大市场需求，促进城市发展。从城市角度看，"以城带乡"的途径包括：一是在城市内为转移劳动力提供相应的就业岗位，实现就业带动；二是引导城市社会资金和人力资源下乡，增强农村自身发展能力，实现要素带动；三是扩大农产品消费市场，形成城乡一体的商品流通市场，实现产业带动；四是加速信息、文化下乡，实现信息带动。从农村角度看，农村融入城乡商品的流通体系的途径包括：一是培育农村特色优势产业，为城市市场提供产品和服务，实现产业富民；二是保护和优化农村环境，积极吸引和用好城市下乡资金和人才，实现要素转换；三是积极发展乡村旅游业，吸引城市文明和文化下乡。

（三）因地制宜发展主导产业，增强镇域经济"造血"机能

镇域经济属于小的区域经济范畴，内部市场十分狭小。促进镇域经济发展，要从传统的"自给自足"经济形态转变为现代开放的经济形态，不能把经济增长的动力仅仅建立在为本镇域市场提供产品和服务，而要在此基础上，必须随着经济的发展，"将经济增长的动力转移到为外部市场提供产品和服务的轨道上来，这是镇域经济发展的根本动力"[10]，增强镇域经济发展自身的"造血"机能。

（四）积极支持NGO，提高镇域经济发展效率

NGO（Non-Government Organization，"非政府组织"）一般是"在正式的国家机关之外追求公共目标"。各种农民合作组织、协会是在新时代农产品生产、销售过程中自发形成的，为农民提供便利服务的民间组织或社会组织，是产生于农村当地的一种NGO形式，也为农业规模化、产业化发展提供条件。推动镇域经济发展要积极发挥NGO在资源动员、社会服务、农民培训、社会治理、政策倡导等方面的作用，提高经济发展效率和质量。

（五）着力塑造新型农民，提高农民致富能力

促进镇域经济发展，政府倡导、城市带动固然重要，但政府行为所影响的多为镇域经济发展的外部环境和提供相应的公共产品，而且城市带动也是以城乡可以互动为前提条件的。增强农村活力、提高农村生产力水平、发展镇域经济最根本的还在于农民自身的创造力。通过加强培训，提高农民文化、技术、经营水平，塑造新型农民，增强农民适应市场环境的能力和农民增收致富的能力。

综上所述，镇域是中国解决“三农”问题、实现城乡经济社会一体化发展的重要空间区域。因其在区域城镇体系空间结构和国民经济体系中的基础性地位，促进镇域经济发展，直接关系到国家“富民”经济发展理念的贯彻落实和国民经济健康、持续与协调发展的实现，应引起社会各界的关注。

参考文献

［1］陈锡文.走中国特色农业现代化道路［J］.求是，2007（22）：25-28.

［2］吴良镛，吴唯佳.中国特色城市化道路的探索与建议［J］//顾朝林.城市与区域规划研究（第2期）.北京：商务印书馆，2008：1-6.

［3］祝艳.加快镇域经济发展的几点思考［J］.理论学习，2006（10）：37.

［4］魏后凯.我国镇域经济科学发展研究［J］.江海学刊，2010（2）：80-86，238-239.

［5］马林靖，周立群.基于科学发展观的镇域经济发展指数测度研究——以天津地区为例［J］.城市，2009（8）：27-31.

［6］卢荣善，张远秀.以“小市大镇”为载体引导资源流向——中国城乡协调发展的一种思路［J］.经济学动态，2009（6）：71-74.

［7］吴海贤.土地征用体制改革与“生活质量城镇化”［J］.改革，2009（4）：155-157.

［8］雷晓宁.“农民进城”还是“资金下乡”——谈城乡鸿沟及其政策取向［J］.改革，2003（2）：27-32.

［9］罗明忠.农村劳动转移后回流的原因：逻辑推演与实证检验［J］.经济学动态，2008（1）：51-54.

［10］李焱.寻求镇域经济增长的基本动力——访北京大学经济学教授/博士生导师杨开忠［J］.投资北京，2009（12）：17-18.

第十章 循环经济工业园区规划问题探讨①

面对资源约束趋紧、环境污染严重、生态系统退化的严峻形势，党的十八大报告提出："把生态文明建设放在突出地位，融入经济建设、政治建设、文化建设、社会建设各方面和全过程，努力建设美丽中国，实现中华民族永续发展。"发展循环经济是转变经济发展方式的重要途径。目前，规划建设循环经济工业园区已经成为很多地方政府推动经济转型跨越发展的主要载体。由于循环经济工业园区的规划与建设在实践中尚存在一些混乱，本章试图通过分析循环经济工业园区建设背景，从多视角审视园区性质、建设意义与承载的期望，梳理园区规划中需关注的几个基本问题和遵循的基本思路，为园区规划者提供参考。

一、基本问题

（一）背景认识

党的十八大报告将生态文明建设放在突出地位，使得建设小康社会的目标越来越清晰、内涵越来越丰富。生态文明是对既往文明特别是工业文明的反思。在生态文明理念下的物质文明，将致力于消除经济活动对大自然自身稳定与和谐构成的威胁，逐步形成与生态相协调的生产生活与消费方式。

生态文明的提出要求我们反思走过的发展历程，创新发展模式，破解发展难题。循环经济是实现经济可持续发展与经济发展方式转变的理念载体。国内外发展事实表明，发展循环经济是实现物质文明与生态文明共赢的有效方式。规划和建设循环经济工业园区，将循环经济理念与工业园区思路相结合，有助于新型社会经济组织形式的产生，是一条实现经济发展与生态环境相协调的有效途径。

（二）园区认识

本章所论述的循环经济工业园区与生态工业园区并没有本质上的区别，表述不同，但机理一致。循环经济遵循"减量化、再利用、再循环"原则，其领域包括生产、消费、流通等各个环节，其最终目标是提高资源与能源的利用效率，实

①该文发表在《甘肃科技》2014年第1期。

现园区与环境的良性互动。生态工业园区强调运用工业生态学原理，按照生产者、消费者、分解者各自功能的发挥与协调，构建生态工业共生体系，实现资源的最优化利用，减少对生态环境的干扰，强调经济发展与生态环境承载力之间的协调。但相比较而言，循环经济工业园区更为全面和具体，要求企业内部的清洁生产、企业间生态工业共生体系的构建以及区域内循环社会体系的构建三层次相互作用和相互补充，综合了生态工业园区的特点，实现主体与途径更为明确，将循环经济、生态文明等理念贯彻于循环经济工业园区的各个方面，有助于园区的建设实施。

本章试图从多角度审视循环经济工业园区，体察其各方面寄予园区的期望，明晰园区本质与承载的任务，梳理园区规划需要解决的问题和预期达到的目标。

二、观察视角

循环经济工业园区规划由政府主导，涉及当地居民、投资开发者、消费者、生态环境等多方利益，并由规划设计单位完成的一项综合性工作。为了使园区规划切实可行，规划者应当从多视角来审视和思考园区规划问题。

（一）政府视角

园区规划的主导者是政府。园区的建设与规划承载着政府众多的期待与寄托。政府规划与建设园区的初衷在发展经济，希望将其建设成为能有效带动区域经济发展的增长极；通过循环经济工业园区的建设，促进产业升级，逐步形成产业集群与城市新的功能区，优化城市功能空间布局和促进城市与区域的健康发展；同时，园区通过示范与带动作用，促进区域循环经济的发展。从政府视角审视园区发展定位与任务，有助于规划者站在较高的层次，从区域环境、城市空间、产业发展等宏观角度把握和思考园区的发展方向与战略。

（二）居民视角

当地居民既是园区建设的受益者，也是因园区建设生活环境发生变化的群体。园区建设，增加就业岗位，提高当地居民收入水平；园区建设促进基础设施与公共服务设施的完善，当地居民获得正外部性效应。凡事都有两面性，园区的建设在很大程度上会改变当地的生态环境，对居民产生负外部性影响。从循环经济工业园区建设的初衷和理念来讲，园区的发展是要实现经济与环境的协调发展。但在目前的经济技术水平下，通过设计和实践循环经济，减少乃至消除园区建设对生态环境和居民生活环境的干扰，是规划者需要权衡的重要问题。

（三）消费者视角

消费者是践行绿色消费的主要实施者和推动者，通过形成挑剔型市场环境，提高企业实践循环经济的积极性。按照迈克尔·波特[1]的菱形钻石体系理论，需求市场是产业发展动力，它会刺激企业改进和创新；消费者的精致需求，有助于企业形成竞争优势。对于规划者的启示是通过长效机制的设计，引导消费者绿色消费和政府的绿色采购，形成全社会绿色消费的氛围，给企业造成生产工业改进和发展理念转变压力，按照市场经济的方式实现循环经济。例如，在园区内部，园区管理机构的绿色采购行为，会因其权威性和影响力，影响公众的消费行为方式，倡导绿色消费和循环经济的理念。

（四）投资者视角

园区项目的实施主体是企业。从投资者和运营者角度看，在园区投资是否获得正的经济利润，是企业和投资者决策的主要依据和出发点。尽管企业营利的影响因素较多，从园区管理角度讲，应当为企业行为提供和营造相对宽松和自由的发展空间。市场经济环境比政策性优惠更为重要，真正的市场竞争力来源于市场竞争。园区作为循环经济与市场经济融合的空间载体，探索基于市场经济的循环经济发展模式，不管对循环经济的实现方式，还是以市场经济为导向的经济改革，都具有重要意义。从投资者的视角对规划者的启示是如何将市场经济的竞争规则引入园区运行机制，对于园区市场经济竞争力的塑造与园区的健康运行，起到至关重要的作用。

（五）生态环境视角

园区存在于一定的区域环境之中，与生态环境发生着复杂的物质、能量、水的交流，不仅从环境中获得区域生产系统、消费系统等维持与发展所需要的物质能量，同时还向区域排放园区所不能消化和吸收的废弃物。当排放的废弃物的量和质超过生态环境的容量后，会引起生态环境的恶化。目前一些地区工业区因工业集聚，造成废弃物的排放强度增大，严重干扰生态环境的平衡与稳定。循环经济园区如何避免此类现象的发生，是规划者需要着重考虑的问题。

（六）理论视角

循环经济工业园区的规划与建设，是循环经济在区域层面的实现方式，也是实践科学发展观的重要途径。将理念转化为实践，需要考虑实际操作的可行性。尤为重要的是，设计从理论到实践的技术路线以及规划建设所涉及的内容，是规划者必须理清的内容。

从循环经济发展的理想状态看，实现“物尽其用，社会和谐”，是循环经济追求的目标。但目前经济技术水平的局限性，使得实现物尽其用的目标有一定的难度。如何从整体上协调经济发展、园区建设、生态环境之间的关系，既是理论上需要深入研究的问题，也是现实实践中必须权衡和解决的问题。

以上从不同视角审视了各领域所关注的重点问题以及给予规划者和管理者的启示，有助于全面把握园区规划任务以及所要解决的问题。

三、规划问题

循环经济工业园区不同于一般意义上的工业园区，不能仅仅强调园区的功能分区、用地布局、基础设施等空间规划内容。从本质上讲，园区的空间规划与建设，是园区的骨架；而园区内的产业发展是园区的灵魂。园区运行是否良好，更多地在于园区产业的发展状况和运行机制。

基于多视角对循环经济工业园区的审视，本章试图对园区规划所要解决的问题进行梳理，澄清规划和管理者在从事园区规划建设时的种种疑惑。将园区规划所要解决的问题分为基本问题、主要问题、关键问题、核心问题。

（一）基本问题：空间载体——园区建设之骨架

基本问题指园区“在哪建”的问题，主要包括园区选址、功能分区、用地布局、基础设施配置等园区空间场所与硬件设施的建设，为园区搭建发展平台。

第一，要分析园区建设背景，充分认识循环经济工业园区建设的必要性和意义以及发展愿景，明晰发展目标与规划任务。

第二，为园区选择适宜的位置。在目前国内耕地数量急剧下降、国家严格控制农用地转为建设用地的背景下，园区位置的选择应当慎之又慎。要考虑园区与城镇、园区与生态环境等各方面的关系，选择能承载园区作为新型复杂社会经济单元的区位与范围。

第三，功能分区与用地布局，除遵循城市规划原理外，应着重考虑园区循环经济发展要求，通过空间组织，为园区工业共生提供便捷。

第四，基础设施规划，强调基础设施的共享；在其管线等设施的规划配置上，遵循城市市政基础设施规范要求，并应注重园区规划的弹性。由于进驻园区企业的性质、规模、工艺等的不确定性，对各项工程管线的配置增加了难度，存在已建工程管线因不能满足入驻企业要求而重建的现象，造成极大浪费。可以采用的解决途径：沿园区主干道，按最大设计要求配置工程管线；在资金条件容许的情况下，沿主干道、次干道建设地下设施通道，便于设施的检修与新型设施的配置，从根本上避免“拉链”道路现象。另外，相对于园区内部“七通一平”“五通一平”等环境的塑造，更应注重园区与外部环境的联系，包括对外交通联系、电力能源、水资源等条件的完善。

（二）主要问题：产业与循环——园区发展之血肉

产业是园区发展的血肉。园区规划中需要解决的主要问题包括主导产业的选择与园区循环经济体系的构建，主要解决园区“发展什么，怎么发展”的问题。

1. 产业发展思路

循环经济工业园区内产业的发展既要遵循市场经济规律，也要符合循环经济发展要求，实现循环经济与市场经济的融合。

产业发展规划宜采用观念创新—创新战略—战略规划—规划产业—产业带动的基本思路，从产业发展战略的制定、产业体系的确立、代表项目的规划等方面，基于自身条件和发展环境的基本认识，从宏观到微观，思考园区产业发展问题。

园区产业发展方向的选择需综合考虑市场需求、发展趋势、当地资源条件、发展机遇等因素，科学论证，确定园区产业发展方向。这是园区规划及循环体系设计的前提。园区主导产业的选择，原则上避免高耗能、高物耗、高污染类产业进驻园区，避免夕阳和落后产业进驻。

园区主导产业的选择，不仅考虑市场需求，还要兼顾产业间建立工业共生网络的可能性。以优势产业为主体，选择与其前后相关联产业，延长产业价值链，以其为核心形成园区产业集群价值体系，构筑园区核心竞争力。

2. 循环经济体系构建

循环经济的性质是循环经济园区与传统工业园区最大的区别，也是园区特色所在。构建园区循环经济体系是规划中所要解决的主要问题，在于为园区管理者和企业提供一个实践循环经济的指引，重点包括园区循环经济总体框架、总体体系的设计，提供清洁生产、产业链延伸等方案。规划中不能也不应解决企业具体工艺流程设计问题，通过规划为其提供实践循环经济的路径。

循环经济是可持续发展与经济发展方式转型的理念载体。一般意义上，可分为三个层次来实践循环经济，即微观、中观、宏观三个层次。在企业内部，通过清洁生产，从源头上实现废物减量化，构建微观循环经济体系；在企业之间，延伸产业链，建立园区工业共生体系，加强企业间的协作，更进一步提高资源的利用率，建立园区中观循环经济体系；在园区及区域层次上，针对目前经济技术水平条件下难以实现绝对零排放的现实，通过产业结构的调整和升级，以水资源一体化管理、固体废弃物一体化管理及资源再生产业发展为主要途径，实现园区与生态环境之间的协调发展。需要着重强调的是，加强先进技术与最新科研成果在循环经济实践中的重要作用，为园区发展注入活力。

工业园区是复杂的新型社会经济组织体系，包含工业生产、农业生产、居民生活、公共服务四大主体，并与生态环境之间进行着物质、能量、水的交流。按照冯之浚等人的研究[2]，循环经济范式对于生态工业园区要求实现四大体系的协调与共进，包括产业体系的共生、基础设施的共享、人居环境的安全、社会消费的“绿色推进”（如图10-1所示）。其中基础设施、人居环境、社会消费三大体系需要在规划中应提出相应的实现路径与措施。产业体系，即生产领域，是循环经济作用的主要领域，也是构建园区循环经济体系的主体内容，规划中需要重点做出安排。

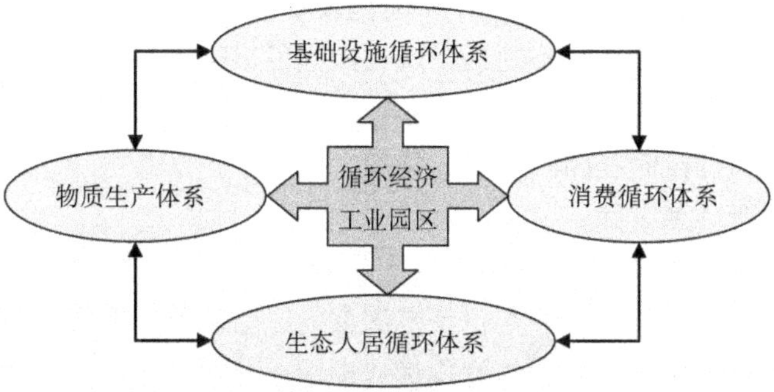

图 10-1　园区循环经济发展总体模式

在园区循环经济总体框架与总体模式的基础上，构建园区物质生产循环经济体系。假定园区主导产业为产业A、产业B、产业C、产业D，依据循环经济实践的一般思路，园区物质生产循环经济总体体系由产业循环经济体系、生态工业共生体系及循环社会构成（如图10-2所示）。各产业循环经济体系由产业或企业的清洁生产及产业链的延伸构成，通过构建生态工业共生体系，进一步延伸产业链，实现物质的循环利用和能量的梯级利用；通过固体废弃物和水资源的一体化管理以及资源再生产业的发展，有效弥补清洁生产和生态工业共生体系因经济技术等因素限制而具有的不足，提高资源的利用效率，减少物质生产活动对生态环境的影响。

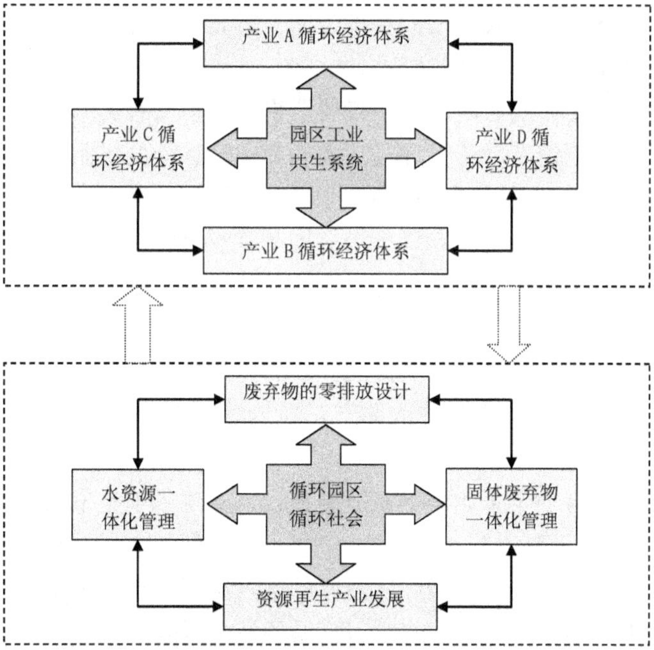

图 10-2　园区物质生产循环经济体系示意图

（三）关键问题：实施与运行——园区发展之精髓

如果说园区规划重在实施的话，那么园区发展则重在运行。园区能否持续运行不仅与园区的空间规划、基础设施布置有关，更在于园区管理机制与运行机制的设计。园区运行机制是园区发展的精髓。

1. 园区运行机制设计

张艳博士[3]在其博士论文中对生态工业园区共生系统的构建与稳定性进行了研究，其中分析了园区工业共生系统潜在的运营风险，并提出了风险控制的建议。王志华根据迈克尔·波特的竞争优势理论，分析了生态工业园较之于一般工业园的优势，指出生态工业园区具有成本领先优势、标新立异优势和目标集聚优势，但如何实现，并未设计实现和运行机制。程达军[4][5]通过产业集群与循环经济工业园系统结构与动力比较以及循环经济工业园模式的探讨，提出了在循环经济工业园建设过程中引入企业集群的成长机制，即引入市场机制，以增强园区的市场竞争能力。在园区运行机制设计中要重点突出企业灵活的进入与退出机制和市场竞争机制。

经济活力与企业的发展源泉在源于市场竞争。在园区管理中不能通过“拉郎配”的方式建立循环经济体系，不能为了循环而循环，符合循环经济原则的产业链未必符合市场经济竞争规律。合理的循环经济体系应当是市场竞争与选择的结果。在目前的经济技术水平下，市场竞争未必就能满足循环经济发展的要求。因此，在急需经济发展方式转型的关键时期，需要设计合理的政策体系，引导企业经济活动逐渐符合循环经济的要求。

在循环经济工业园区内部，不仅要严格执行国家有关循环经济发展的法律法规，更要设计和制定有助于循环经济实践和园区运行的机制。从机制设计的角度讲，循环经济与市场经济的有机融合有助于循环经济体系的形成。如果产业链的延伸有利可图，无须规划引导，市场会推动企业自发行为。设计有利于促进企业沟通与合作以及提供经济、技术等各方面的公共信息服务，更有胜于企业生产工艺的设计。

第一，建立公共信息平台，提供优质的公共服务；

第二，建立园区灵活的进入与退出机制，为企业发展提供广阔的空间与自由；

第三，建立有助于企业公平竞争的平台，实现基于竞争的企业协作与产业链网络体系构建；

第四，由政府主导，营造园区浓厚的学习氛围，在学习中推广循环经济，并加强企业间的沟通与交流，建立学习型循环经济园区。

2. 园区运行保障体系建立

科学合理的园区运行机制要求园区管理组织机构、经济政策、人才保障及公共服务等政策须有创新，保障园区的运行与循环经济的发展。规划中应对园区的运行保障体系的建立提出相关建议。

第一，成立富有效率、观念新颖的园区管理机构。通过园区管理组织机构的创新与改革，转变传统低效率的运作方式，建立循环型园区管理机构，探索行政机制改革的途径。主要职能是提供公共服务，包括提供产业信息、技术信息的公共信息，建立公平、合理的园区竞争、进入、退出机制，制定科学、严格的生态环境保护制度以及循环经济发展的奖惩措施等，营造公平、绿色、富有活力的园区环境。

第二，在相关法律法规的基本框架下，运用税收、补贴、押金、补偿等相关经济手段，从影响生产者和消费者的成本和收益入手，按照市场经济规律，转变传统对于生产者和消费者原有的经济刺激模式，引导企业经济行为，使其在自觉实践循环经济，并在实践循环经济的过程中实现经济利润的增长以及社会、经济和环境效益的“共赢”。

第三，通过培训和学习，提高政府公务人员素质；组织企业、高校和科研机构建立产、学、研合作关系，开展基础研究和应用研究，建立园区企业技术学习与科研成果转化的有效途径；加强资源综合利用技术转让和转化服务技术政策。

第四，搭建全方位的人力资源信息系统，大力发展市场化的人才中介机构和职业培训产业，为园区的健康运行建立良好的人才保障。

3. 园区规划实施措施

规划方案完成后并不预示着规划工作的结束。为规划的实施提出必要的实施建议，是规划编制中的点睛之笔，关系着规划的实施与价值的体现。

循环经济工业园区的规划实施建议应当在传统的规划实施措施基础上有所改进和创新，不能拘泥于园区建设规划实施等工程技术层面的实施，更应当促进循环经济体系的构建与发展。

第一，成立专门的规划实施机构，包括建设规划与循环经济规划管理部门。循环经济园区的主体内容从性质上可分为建设规划与循环经济发展规划，前者与后者在规划管理上方式方法有很大不同，将两类规划的内容集中于同一部规划中，在实施措施与管理上提出了更高要求。建设规划的实施坚持刚性与弹性结合原则，在坚持规定性内容及原则不变的情况，突出规划的弹性，满足进驻企业规模与工艺等不确定性的特点；而对于循环经济规划的实施，须建立科学的考核指标体系和循环经济实践途径引导体系。

第二，应将循环经济的发展列入政府和领导的业绩考核内容。循环经济的发展既要靠法律手段、经济手段，也要靠行政手段。实践证明，采用考核机制是目前较为可行的行政手段。

第三，建立循环经济建设信息网和信息服务中心。通过建立园区管理机构循环经济建设信息网，以此为平台实现规划实施的政策公开化和财务公开化，提高公共服务的效率与政策透明度，并利用网络互动特点接受市民质询和监督；建立规划建设的评估系统和决策支持系统，为政府和企业决策提供服务；建立循环经济信息及资源回收信息网络，加快相关信息的交流，推动循环经济的发展。

第四，加强宣传教育。定期开展政府公务人员的培训与企业培训；采取多种形式、充分利用媒体，广泛开展循环经济工业园区、清洁生产、生态工业、绿色消费模式等的宣传活动，逐步提高全社会的循环经济意识。

（四）核心问题：示范带动——经济转型发展之灵魂

园区并非独立地处于一定区域之中，承担着城市的重要经济职能，其终极发展目标是城市形态。

园区发展在初期，是城市工业经济发展的空间集聚载体，逐步形成产业集群及新型社会经济组织体系，成为区域经济发展的新的增长极。由于循环经济园区以循环经济理念和工业生态学原理为指导，园区同时是城市实践科学发展观和有效转变经济发展方式，建立资源节约型、环境友好型社会的有效途径。通过园区循环经济发展的示范和带动作用，促进城市乃至区域循环经济的发展。

本章通过多方面视角，充分认识循环经济工业园区所承载的期望，分层次、分序列厘清规划中所要解决的问题，为园区规划和管理者提供一个较为清晰的思路。四个问题相互联系，在问题研究、规划设计和建设管理中贯穿始终，在各个阶段因任务不同侧重点有所不同。基本问题所解决的建设规划，主要为园区产业发展构筑空间载体与发展平台；主要问题所要解决的产业规划与循环经济发展规划，主要为园区规划实质性内容，塑造园区发展主题；关键问题是要解决园区能否健康与持久运行的问题，在空间与产业规划的基础上，通过运行机制与保障体系的建立，为园区运行管理提供一些建议；核心问题涉及园区自身性质与终极发展方向问题，以及园区所承载的经济社会发展与城市发展的期望。存在先后顺序和逻辑关系，但循环经济的核心思想贯穿始终。

参考文献

［1］迈克尔·波特.国家竞争优势［M］.李明轩，邱如美，译.北京：华夏出版社，2004.

［2］冯之浚，刘燕华，周长益，等.我国循环经济生态工业园发展模式研究

[J].中国软科学，2008（4）：1-10.

[3] 张艳.生态工业园工业共生系统的构建与稳定性研究［D］.上海：华中科技大学，2006.

[4] 程达军.产业集群与循环经济工业园系统结构与动力比较［J］.改革与战略，2005（9）：57-59.

[5] 程达军.产业集群与循环经济工业园模式［J］.商业时代·学术评论，2006（11）：49-51.

第十一章　贫困人口集中片区供给侧的“短板”及其消解[①]

2016年中央农村工作会议强调，要着力加强农业供给侧结构性改革，核心是“提高农业供给体系质量和效率，使农产品供给数量充足、品种和质量契合消费者需要，真正形成结构合理、保障有力的农产品有效供给”。结合供给侧改革，分析我国贫困人口集中片区（简称“贫困片区”）的形成原因和特点，就会发现，贫困片区之所以贫困严重，一个重要原因是在供给侧方面存在许多发展的“短板”。因此，深入分析这些“短板”的形式和作用，探索消除短板的路径和对策，成为实施精准扶贫战略的有效举措。

一、贫困片区供给侧“短板”的表现形式

贫困片区的产业结构往往是以农业生产为主，工商业所占比重极低。因此，本章所指的贫困片区供给侧，主要指的是农业供给侧，即贫困片区能够给国内外市场提供的农产品种类、数量、品质等情况。相对国内外需求市场，贫困片区农业供给侧存在的短板主要表现在以下几个方面：

1.资源型短板。贫困片区往往是发展资源非常短缺的地区，不仅种植业资源土地和水资源短缺，而且养殖业需要的草资源，林业发展需要的林地资源等，都非常稀少，人均量非常低。需要注意的是，资源型短板是客观性的，不可能以人的意志为转移。

2.结构性短板。长期以来，由于良种化和引进国内外优质的农产品、畜产品、林产品、水产品等难度大，与国际、国内农产品市场需求相比较，贫困片区的农业生产结构比较简单，优质的农产品、畜产品、林产品、水产品的比重低，而传统的、落后的、淘汰的产品比重比较高。

3.品质性短板。在当前情况下，由于种植方法、养殖技术、加工手段的滞后以及相对较差的生产环境，贫困片区农产品品质与“绿色标准”“国际惯例”要求，即优质的、绿色的、无公害要求仍存在一定的差距，直接表现就是产品市场

①该文发表在《甘肃农业》2016年第13期。

竞争力弱，产品市场占有率低、出口能力弱，产品难以转化为货币收入。

4.技术性短板。贫困片区往往是科学技术进步非常慢的地区，技术创新的人才、环境、资源、市场非常不成熟。人们对于新技术、新产品、新思维的接收程度非常有限。在目前的许多贫困地区农村，特别是深山区、边缘地区，人们信任迷信的程度要比信任科技的程度高得多，技术创新难以形成气候。

5.自主型短板。如果对于贫困片区的经济结构进行分析，不难发现，在这些贫困片区的经济结构中，公有制经济的比重普遍高达60%以上，非公有制经济在40%左右。我国的经济体制改革从1978年开始到现在，已经进行了近40年，但是，这些地方的政府干预仍然非常普遍、严重，农户自主生产和调节的能力弱。

二、贫困片区供给侧“短板”的致贫机制

贫困片区客观上存在的供给侧短板，会从各方面对农村经济运行过程进行干扰和影响，既可能影响投入和生产，也自然会影响流通和消费环节。

1.对投入机制的影响。贫困片区的资源型短板决定了贫困地区农业生产的整体投入严重不足，这就要么造成许多地方“人多地少”，大量劳动力成为无效劳动力；高寒阴湿，无霜期特别短。也就是说，许多贫困片区在相同条件下的农业投资边际效率，要比资源优势的地区低得多。比如，甘肃省的甘南州、临夏州、陇南市等大体就属于这种情况，也就我们经常所说的，投入大、产出少的现象。由于边际效率差异性的存在，直接影响外商和外资的进入。

2.对生产环节的影响。贫困片区的微观经营主体仍然是以“一家一户”传统的小农经济为主，这样的生产组织在扩大生产规模、优化产业结合、科学种植养殖、改善经营管理、应对市场变化、实施品牌战略方面难以有所作为。在种植和养殖品种选择上，贫困片区习惯性地选用本地产品，尽管具有地方特色，但地方品种不一定具有品质优势和效率优势。更严重的是，贫困片区的农民是分散经营的，大部分农户的种植规模和生产规模都比较小，难以为农户带来可观的规模经营收益。

3.对加工环节的影响。21世纪以来，国际农产品市场开始向成品化转型，农业产业化开始向加工业集中。加工水平成为新时期农业产业化的主要衡量尺度。而贫困片区多数属于经济发展慢、农民收入低、投资能力弱的地方，难以在短期内形成有规模效应的加工业，从而使得这些地方的农产品多数以原材料的形式卖出去，获利很低。根据调查也会发现，贫困片区的农产品加工企业不仅数量少和规模小，而且加工链条短，出口能力极低。

4.对流通环节的影响。贫困片区一般距离城镇和主要居民点相对较远，自然环境和发展条件相对较差，道路等基础设施相对落后，从而增加了农产品进入大市场的机会成本、时间成本和经济成本，使得传统的、分散的农户一般难以自行

将农产品直接从田间地头送往销售市场。总体而言，从偏远的贫困片区到城镇零售市场，农产品销售渠道少、中间环节多、流通周期长，农产品经过中间多次倒卖之后，本来具有地方特色优势的产品因增加了交易成本，在市场销售中也就不具有价格优势了，销售市场受到限制，经常发生“卖难买难”的“两难”问题。

5.对调节环节的影响。贫困片区分散的农户面对市场时存在“势单力薄”的问题，生产规模小、议价能力弱、加工水平低，致使农户在市场交易中处于弱势地位。在产业链的分布中，农户仅仅处于种植、养殖的初始阶段，很少参与加工生产，从而只能获得少许的初级生产收入，不参与加工收益、流通收益和销售收益的分配。不仅如此，与城市比较，贫困片区在信息获取、政策知晓、对外开放等方面也处在劣势地位，这就对农户调节生产和销售行为形成很大制约。

三、贫困片区供给侧“短板”的消减对策

贫困片区存在的上述供给侧短板及其影响，都是客观的和现实的。为此，要高度重视贫困地区的供给侧“短板”问题，研究和探索消除这些短板存在的条件和机制。从体制和角度来看，这些短板的存在实际上是改革不到位的集中表现，根本出路仍然在于结构优化。

1.消减生产组织短板。扶贫开发既要瞄准个体，更应扶持合作。不合作、不联盟无法抵御来自市场、自然、政策及国际的风险。一是促进农业生产组织创新，将小型化和分散化的农户经营组织改造成有一定规模的商业经营经济实体。二是创新农户与涉农企业联结机制，也就是要建立新型经营主体、龙头企业、致富能人与贫困户利益联结机制。三是在总体战略上可以采取“鼓励一批、扶持一批、保养一批”的做法。

2.消减生产资料短板。一是健全土地流转服务体系，积极引导农村土地经营权有序流转。强化政策引导，完善流转制度，扩大土地流转规模和范围，进一步降低农村土地的细碎化程度。二是推进中低产田改造，提高耕地产出率，为规模化、机械化、科技化作业奠定基础。三是采用科技兴农强农，挖掘土地潜能。采取“集成科技创新”手段，推广普及优良品种，测土配方施肥、节水灌溉、科学田间管理等实用农业科技。四是挖掘撂荒土地的潜力，采取有效措施避免相当大数量的撂荒地，就等于避免优质耕地的浪费。

3.消减生产方式短板。一是加快土地流转，发展适度规模经营，获取规模收益递增的效果。二是健全农业社会化服务体系，鼓励种粮大户、农机大户和农机合作社开展全程托管或主要生产环节托管，实现统一耕作、规模化生产。三是依靠科技进步，提高单产水平和产品品质，推广绿色增产模式，努力减少农业生产过程中的环境污染。四是建立和实施农产品质量标准认证管理机制，确保产品品质。五是实施化肥农药零增长行动，探索建立高效低毒农药补贴制度。

4.消减生产环节短板。优化结构的重点放在农产品的品质保证和生产绿色无公害产品上来，争取在2020年达到实现100%农产品良种化的基础上，大多数农产品取得国际认证的生产资格。彻底淘汰落后和低质的农产品。主要途径包括“种世界上最优的、养世界上最好的、加工世界上最优的、出口世界上最快的”农牧产品或加工产品，最重要的是保证有机、绿色、无污染、循环的生产条件和状态。

5.消减生产过程短板。一是在生产环节，既要自主挖掘和培育地方特色品牌产品，也要积极引进国外优质的农作物品种。二是在流通环节，要立足信息化时代的特点，推动互联网+、电商、订单农业发展。三是在交换环节，要注重流通公司、外贸公司、技术公司的培育工作。四是在分配环境，要加大对贫困片区的转移支付力度，增加社会援助和救济。五是在消费环节，要提倡节约资源和产品，推广资源化技术。

6.消减政府扶持短板。一是消减政府的过度干预，真正确立“市场在资源配置中起决定性作用”的机制，减少政府的指令性生产计划，摆正政府在市场中的位置。二是政府对贫困片区的扶持项目，应当集中在公共服务产品的提供上，切实减少对市场的干预。三是在决策思路上要突出“小产品大产业”的战略地位，要把这个战略确定为贫困片区农业中长期发展和脱贫攻坚中的核心战略。

第十二章　加强异地扶贫迁出区荒芜土地的整治势在必行①

众所周知，在我国目前的精准扶贫工作中，国家将“异地扶贫搬迁”作为重要举措之一，在西部贫困片区甚至作为主要的扶贫手段实施了多年。根据有关方面的统计，从2001到2016年，全国已累计实施农村贫困人口搬迁扶贫1400万人以上，其中，属于国家搬迁项目的有930万人，占66.43%，属于地方政府搬迁项目的有790万人，占33%。实践证明，异地扶贫搬迁已经和正在发挥着积极的作用。但是，根据调查，目前我国各地实施的异地扶贫搬迁工作中，大部分地方比较重视“搬得出、稳得住、能致富”；对于迁出区的再建设问题不重视，因此，在许多异地扶贫搬迁集中区域，出现大面积的荒芜耕地、废弃宅基地、荒芜集体用地等，甚至在一些地方还出现大面积的土地盐碱化、荒漠化和沙漠化的情况。因此，既要“向前看”，认真做好迁入区的相关建设工作，从盘活废弃土地资源、保护生态环境和开发利用的长久之计考虑，也要“往后看”，扎实做好迁出区国土资源的综合开发和利用工作。

一、文献梳理

异地扶贫搬迁是扶贫攻坚决胜阶段的重要模式，既要关注异地扶贫搬迁和安置区的建设问题，也要关注迁出区的土地利用与发展问题。相对于异地搬迁扶贫的思路、方式、模式以及安置区建设的研究来说，当前关于异地扶贫迁出区域的相关研究成果较少。这方面的主要研究主题和观点包括：（1）注重贫困地区人口、资源、环境与经济可持续发展，强调推进移民迁出区生态环境的综合治理（张茂林，1996）[1]；（2）探讨生态移民对迁出区生态保护的意义（吐尔逊·哈斯木等，2008）[2]；（3）探讨环境移民迁出区的植物多样性问题（陈志辉等，2008）[3]；（4）探讨迁出区的移民效应和可持续性问题（于一尊等，2009）[4]。总体而言，以“异地扶贫迁出区的土地整治”为主题的研究成果更少。因此，梳理和研究异地扶贫迁出区土地整治的意义与思路具有一定的理论与实践价值。

①该文发表在《甘肃农业》2017年第12期。

二、发展形势

近年来，随着城镇化和异地扶贫搬迁工作的推进，城乡之间、村村之间持续的人口流动和移民所导致的“空心村”、土地荒芜和旧宅基地荒芜问题日益突出，尤其是在深山、石山、高寒、荒漠化、地方病多发等异地扶贫的集中搬迁区域，这类问题更为突出。

1.全国形势。从2001年开始，国家发展和改革委员会安排专项资金，在全国范围内陆续组织开展了异地扶贫搬迁工程。截至2015年底，已累计搬迁贫困人口680多万人。一些地方也根据本地实际，统筹中央财政专项扶贫资金、扶贫移民、生态移民、避灾搬迁等资金实施了搬迁工程。在中央和地方的共同努力下，全国已累计搬迁1200万人以上，涉及退耕还林、退宅还田或荒芜土地约有3000万亩。

2.未来空间。截至2015年底，全国仍有5575万农村贫困人口，特别是还有约1000万生活在深山区、石山区、高寒山区等“一方水土养不起一方人”的地方的贫困人口，生存条件恶劣，生态环境脆弱。根据《全国“十三五”异地扶贫搬迁规划》，“十三五”期间，将对全国22个省（区、市）约1400个县（市、区）981万建档立卡贫困人口实施异地扶贫搬迁，同时，各地计划同步搬迁约647万人，大概将涉及耕地约2500万亩、宅基地约260万亩。

3.国家政策。我国已出台了关于土地整治的相关政策和法规，如《中共中央、国务院关于进一步加强土地管理切实保护耕地的通知》（中发［1997］11号）、《土地管理法》（1999）、《中共中央关于制定国民经济和社会发展第十一个五年规划的建议》（2006）、《中共中央关于国民经济和社会发展第十三个五年规划的建议》（2015）等。2016年12月，《国务院关于全国土地整治规划（2016—2020年）的批复》中明确提出，“大力推进城乡散乱、闲置、低效建设用地整理”，“大力推进贫困地区土地综合整治”；“大力推进废弃、退化、污染、损毁土地的治理、改良和修复”。

三、问题梳理

目前关于异地扶贫迁出区土地资源利用方式，既有植被恢复、生态治理、标准农田建设等方式，但也存在很大程度的荒芜现象。梳理迁出区荒芜土地整治中存在的问题及其成因，对于进一步盘活和有效利用这些荒芜土地资源，具有重要意义。

1.存在问题。这涉及多个层次、多个方面的问题。主要的现实问题有：一是自发移民和政策移民的人口多、面积广、时限长，导致对实际移民的数量与分布及其承包地和宅基地的使用情况难以做到动态监测和适时统计，特别是对迁出区的土地现状的了解不够全面、不够精准；二是缺乏涵盖城乡统一的土地整治规划和生态空间治理规划；三是土地整治与异地搬迁尚未很好衔接；四是省和省以下各级政府财力不足，政策执行力度不够，核心是资金支持不到位等，没有力量考虑整治问题。

2.问题成因。之所以形成这种局面原因有很多。一是国家的政策导向有偏向，目前的政策比较重视迁入区的建设和评价，而忽视迁出区的建设和评价；二是大部分农村基层，特别是乡镇、村委会对于这方面土地的整治没有规划、没有考虑、没有措施；三是对于废弃旧宅基地的权属还难以从国家政策的角度进行明确，大多数废弃宅基地、耕地成为谁也不管的土地；四是相当部分迁出区属于“生态红线”范围，农户迁走后的这些区域到底应该由谁来管护，目前还没有相关完整的“生态红线”政策给予解释和解决。

3.重要意义。进一步推进迁出区荒芜土地整治具有重要意义，主要有：一是实际了解迁出区土地使用现状；二是通过土地整治建设高标准基本农田，补充耕地，发展现代农业；三是现代农业与农民增收结合，促进脱贫攻坚工作；四是废弃或腾退宅基地整治与城乡建设用地增减挂钩，优化城乡格局和新农村建设；五是宅基地复耕或生态恢复，强化生态空间治理；六是土地整治与设施配套结合，改善人居环境。

四、实践做法

在异地扶贫迁出区土地整治过程中，陕西省、甘肃省、宁夏回族自治区的做法非常典型，经验值得总结推广。

1.陕西。陕南移民搬迁共设置扶贫搬迁、地质灾害搬迁、洪涝灾害搬迁、生态搬迁和工程搬迁五类搬迁对象。群众搬迁后，旧宅基地按照“宜耕则耕、宜建则建、宜林则林”原则，复垦土地用于城乡建设用地增减挂钩及植树造林，5年共复耕旧宅基地4万多亩。

2.甘肃。在异地搬迁的同时，提出土地整治和生态修复等建设任务。“十二五”期间，搬迁全省71个县市区的12.72万户63.48万贫困群众，迁出区生态恢复7.51万亩，调整和开发基本口粮田26.76万亩。

3.宁夏。2013年制定和实施《宁夏生态移民迁出区生态修复工程规划》和《关于加强生态移民迁出区生态修复的意见》。“十二五”期间，移民迁出后，将原有土地收归国有，针对不同土地类型，因地制宜、分类指导、封造管结合，以自然修复为主，重点对迁出区17万亩的宅基地房屋院落等拆除后恢复为农用地，用于生态建设。移民迁出区共完成生态恢复230.1万亩。

4.经验启示。陕甘宁三省对于异地扶贫迁出区土地整治主要是按照土地类型进行的，主要有荒芜耕地的整治、废弃宅基地的整治、荒漠化土地的整治以及其他类型土地整治，包括集体建设用地、集体林地、权利不清的土地等。总体而言，陕甘宁三省区的迁出区的土地整治，具体是按照“宜耕则耕、宜建则建、宜林则林”原则，依据当地的实际资源、条件、环境等进行分类指导，区别治理。

五、对策建议

1.现状调查。即强调异地移民扶贫迁出区土地现状调查。主要是解决异地扶贫迁出区的“土地利用现状是什么、整治潜力有多大”的问题，这是进行迁出区土地整治的前提和基础。(1) 科学调查。通过高分辨率遥感影像的应用与实地调研的有机结合来获取和认知村庄尺度土地利用现状及其问题。(2) 科学评价。在实地调研基础上，确定异地扶贫迁出区用地的可整理类型，计算荒芜土地可进行整治的理论与现实潜力。

2.统筹规划。强调异地移民扶贫迁出区土地综合整治规划的战略性、科学性、综合性和可操作性，这是盘活迁出区土地资源、统筹城乡用地及区域发展要素的关键环节和重要抓手。需要注意以下几点：(1) 以党中央提出的“加大贫困地区土地整治支持力度”为依据，围绕脱贫目标和土地整治目标，研究异地扶贫迁出区域的土地整治问题；(2) 将土地整治与国家农村土地制度改革结合起来；(3) 将土地整治模式与各类异地扶贫迁出区土地整治的实际工作结合起来；(4) 根据土地现状调查和土地整治潜力评价结果，对异地移民扶贫迁出区土地整治进行统筹规划；(5) 将迁出区宅基地复垦与新增城镇建设用地挂钩。

3.政策支持。鉴于异地扶贫迁出区土地整治的重要意义，认为贫困地区国土整治与精准扶贫需要同步推进，建议中央政府应该把异地扶贫迁出区的土地整治确定为国家战略，并对西部贫困人口集中区特别是异地移民迁出集中区的土地整治和扶贫开发出台适宜的扶持政策。从政府战略和政策的决策角度，制定和完善有关国土资源、集体房产、集体用地、农户房产、农民宅基地等方面的再开发利用政策，总的目标应该是所有资源能够得到充分的有效利用。同时，根据迁出区农村的长远发展需要，在土地资源普查、发展规划先行、梯田改造升级、宅基地整治利用、生态修复保护、融资渠道创新等方面进行创新。

4.制度创新。根据2015年11月2日中共中央办公厅、国务院办公厅印发的《深化农村改革综合性实施方案》，提出“按照有关法律法规，完善和拓展城乡建设用地增减挂钩、‘地票’等试点，推动利用城乡建设用地增减挂钩政策支持异地扶贫搬迁”。借鉴和拓展重庆“地票”制度，以异地扶贫迁出区宅基地复垦、荒芜土地整治为基础，建立偏远农村土地交易平台，开展土地实物交易和指标交易（地票交易），通过统一有形的土地市场、以公开规范的方式转让土地使用权，从而统筹构建迁出区建设用地退出与新增建设用地之间的衔接机制。以此作为盘活异地扶贫迁出区农村土地资源、统筹区域发展要素、优化国土空间开发格局的重要抓手。

参考文献

［1］张茂林．移民迁出区生态环境的治理——贫困地区人口、资源、环境与经济可持续发展之路［J］．干旱区资源与环境，1993，10（3）：13-21.

［2］吐尔逊·哈斯木，韩桂红，石丽．塔里木河中、下游生态移民在下游生态与环境的恢复和重建中的作用探讨［J］．干旱区资源与环境，2008，22（2）：53-60.

［3］陈志辉，王克林，陈洪松，等．喀斯特环境移民迁出区植物多样性研究［J］．中国生态农业学报，2008，16（3）：723-727.

［4］于一尊，王克林，陈洪松，等．基于参与性调查的农户对环境移民政策及重建预案的认知与响应——西南喀斯特移民迁出区研究［J］．生态学报，2009，29（3）：1170-1180.

实证篇：

调查研究与决策咨询

第十三章　兰州新区与兰州老城区空间结构优化对策①

党的十八届三中全会提出“优化城市空间结构和管理格局，增强城市综合承载能力”，中央城镇化工作会议提出了推进城镇化的六项主要任务，并将“形成生产、生活、生态空间的合理结构”作为提高城镇建设用地利用效率的主要目标，中央城市工作会议则进一步为当前和今后一个时期我国城市工作提出了指导思想、要求和举措。兰州新区作为我国第五个国家级新区，不同于一般工业开发区、高新技术产业园区和专业基地，不仅级别高、规模大、投资多，而且对城市和区域的未来发展影响深远，它的规划和建设为推进高水平城市化进程、优化区域空间结构、实现区域内城市功能分工等带来投资、土地、政策、战略和发展等多方面的重大机遇。针对兰州城市经济发展与空间约束、环境污染之间的现实矛盾，以及兰白经济区建设进程加速的要求，贯彻落实中央精神，把握机遇，积极探索兰州新区介入区域空间关系科学配置的途径和应对策略，使得兰州老城区、兰州新区及生态环境之间形成生活、生产和生态空间的合理结构，具有重要意义。

一、兰州新区的整体优势与空间结构优化功能

相对于传统开发区，兰州新区作为国家级新区，具有影响远、定位高、政策强、规模大的特点，正因为如此，兰州新区在区域空间结构上具有空间优化、对外开放、激活市场、扩大投资、整合政策、提升战略及推进城镇化等重大功能和机遇。依托兰州新区在区域空间结构优化上具有的重大功能构建其推动兰白经济区空间结构优化的发展机制。

（一）兰州新区的整体优势

总体上讲，与国外新区相比，兰州新区被赋予了特殊的战略意义和特殊功

①该部分是2013年度甘肃省哲学社会科学规划项目“兰州新区建设为区域空间结构优化提供的机遇及对策研究”、2014年度甘肃社会科学学术活动基金会资助项目“丝绸之路经济带建设中兰州新区的空间作用机制及应对策略”最终研究成果的节选内容。

能，从而获得了更多的政策关注；与传统高新区、开发区等相比，兰州新区在土地使用、建设规模上具有“超大”特征。从促进改革的角度说，兰州新区具有改革先行先试区、新产业集聚区等特征。与传统以往开发区相比，兰州新区具有以下特点：

1. 政策覆盖面大，扶持力度强

实践证明，每一个国家级新区的设立，都会强有力地催化、拉动所在区域的发展。当前中国，迈入区域经济协调发展的时代。放眼全国，浦东新区引领长三角、滨海新区带动京津冀、两江新区辐射大西南，兰州新区则要承担引领和带动广袤大西北发展的历史使命。

兰州新区不仅享有一般传统开发区的支持性优惠政策，同时还有国家级新区相关政策，比如，支持体制机制创新政策、实施差别化土地政策、加大基础设施建设与生态环境保护支持力度、优先布局重大项目及加大金融支持等政策。

2. 新区占地范围广，规划面积大

兰州新区土地利用占地范围广、建城区规划面积大、产业规模与人口规模大，均超过了一般传统开发区。

根据《兰州新区总体规划（2011—2030）》，兰州新区规划控制范围821平方公里，南北长约49公里，东西宽约23公里。从城市建设用地面积上看，兰州新区2020年规划面积为110平方公里，而兰州高新区规划面积仅为14.96平方公里，兰州经济区规划面积仅为9.53平方公里。从产值规模上看，预测2020年兰州新区的GDP为1060亿～1400亿元，2030年的GDP为2700亿～4000亿元。

3. 功能定位明确，发展前景广阔

国务院明确要求：“要把建设兰州新区作为深入实施西部大开发战略的重要举措，积极探索欠发达地区加快推进新型工业化、城镇化和实现跨越式发展的新路子，拓展我国向西开放的广度和深度，努力实现甘肃省经济社会又好又快发展。”“兰州新区建设要坚持科学规划、合理布局、有序开发，突出经济结构调整，突出特色产业、循环经济和节能环保，突出对内对外开放，突出改革创新，推动兰州市建设成为西北地区重要的经济增长极、国家重要的产业基地、向西开放的重要战略平台和承接产业转移的示范区，在带动甘肃及周边地区发展、深入推进西部大开发、促进我国向西开放中发挥更大作用。”[①]

就产业发展而言，兰州新区今后发展方向是着力推进产业结构调整，构建现代产业体系，重点打造石油化工、装备制造、新材料、生物医药、电子信息、现代农业和现代物流业等产业集群。

4. 区位优势独特，极化效应突显

规划建设兰州新区，这是党中央、国务院深入实施西部大开发战略、支持甘

① 《国务院关于同意设立兰州新区的批复》（国函［2012］104号），2012年8月20日。

肃经济社会发展的一项重要决策。建设兰州新区，有利于兰州发挥西陇海兰新经济带特大型城市的辐射带动作用，促进兰（州）西（宁）格（尔木）黄河上游经济增长带和西（宁）兰（州）银（川）省会经济圈的发展，有利于与成渝经济区、关中—天水经济区、北部湾经济区共同形成西部大开发的战略支撑，对于优化发展格局，缩小区域发展差距，实现全面建设小康社会目标具有十分重要的意义。

（二）兰州新区的重大功能和机遇

兰州新区升格为国家级新区，为区域空间结构优化提供了千载难逢的机遇：一是土地利用机遇，国家对新区的土地规划范围做得很大，土地资源非常充足，是对兰州老城区用地空间紧张的有益补充；二是对外开放的机遇，兰州新区综合保税区的批复建设，不仅仅是兰州新区对外开放的窗口，更是兰白经济区乃至全省对外开放的窗口；三是激活市场的机遇，不仅积聚和高效利用各类生产要素，还刺激和带动当地消费市场、产品市场，推动地方经济发展；四是投资机遇，国家对新区的投资很大，项目很多，建设资金充足，兰州新区发展快；五是政策机遇，兰州新区的规划建设不仅享受国家关于开发区、工业园区、高技术产业示范园区的政策，而且有特殊的政策；六是战略机遇，甘肃省、兰州市政府都把新区建设作为发展机制转型的重点，作为区域战略的导向中心；七是推进城镇化的机遇，随着城市化进程的加快，对区域空间结构的优化和新区的布局要求更加强烈，新区发展动力充足。

1. 空间优化

兰州新区土地规划面积很大，规划控制面积821平方公里，核心区规划建设面积246平方公里，这意味着兰州新区发展过程中土地有效供给充足，发展空间大。相比较而言，2013年兰州市建成区面积137平方公里，兰州新区的规划建设为兰州市城市空间结构优化提供了极大的发展空间。一是为兰州市老城区内，尤其是居民生活区、现代商业区内的工业企业“出城入园”提供了空间置换土地，这既是城区内工业企业寻求土地成本低、拓展空间大、运营成本低的内在需求，也是城市政府着力改善城区人居环境、提升城市区域中心城市职能的根本举措。二是兰州老城区或白银城区“出城入园”企业、招商引资企业以及本地发展起来的企业，在兰州新区集聚，有助于企业之间建立密切的合作联系，通过产业集群的方式建立兰白经济区以工业企业为主体的产业集聚区，通过发展实体经济承担起兰白经济区重要的社会财富生产基地职能。三是对于兰州老城区而言，进一步盘活了原来被工业企业占据的土地，从工业用地性质向居住用地、公共服务设施用地等性质转变，不仅提高了土地的利用价值，更重要的是为兰州老城区发展现代生产性、生活性服务业，提升功能等级、打造区域中心提供了空间载体。

2. 对外开放

在“一带一路”所形成的开放新体系、发展新环境下，兰州新区对外开放的功能更应得到挖掘和发挥，以便能够融入“一带一路”开放新体系中。其中最为重要的是对兰州新区功能定位进行调整，就是开放发展的思路要在功能定位中着重体现。我们知道，《国家发展改革委关于印发兰州新区建设指导意见的通知》（发改西部〔2012〕2786号）中，关于兰州新区的定位是“西北地区重要的增长极、国家重要的产业基地、向西开放的重要战略平台、承接产业转移示范区”。在开放新体系下，兰州新区的功能新定位中需要突出开放功能，要突出兰州新区在国家开放体系中的战略地位，承担国家向西开放的战略平台，也要突出兰州新区在甘肃向西开放桥头堡的作用。兰州新区位于甘肃中部，甘肃具有河西走廊近1700公里的丝绸之路交通干道，这是宁夏所无法比拟的优势；甘肃的重化工业优势是宁夏、新疆所无法比拟的；同时，甘肃华夏文明积淀深厚，民族的多元性与文化的多样性长久融合存在，在宋代以前一直是中国商贸、外事活动的前沿地带，兰州新区作为国家向西对外开放的战略平台和桥头堡，具有西北其他省区所无法比拟的优势，因此，通过突出开放战略平台的建设，来推动国家产业基地、转移产业示范区的建设。开放平台既是战略定位，也是实现其他职能的手段。

根据国际货币基金组织最新公布的2014年世界各经济体人均GDP的排名表，2014年，中国人均GDP 7589美元，世界排名80，在“一带一路”中排名第30位；甘肃省人均GDP 4032美元，介于蒙古与格鲁吉亚之间，在“一带一路”中排名第41位；兰州市人均GDP 8526美元，介于马尔代夫与罗马尼亚之间，在“一带一路”中排名第25位。这就说明，甘肃省整体发展水平在“一带一路”中排名中间靠后一点，兰州整体发展水平在“一带一路”中排名中间靠前一点。总体而言，兰州新区立足甘肃和兰州与沿线国家建立经贸关系，既有“走出去”的实力，也有“引进来”的必要，坚持走出去与引进来并重的发展新战略，进而带动周边区域开放开发。

3. 激活市场

《推动共建丝绸之路经济带和21世纪海上丝绸之路的愿景与行动》中提出：“沿线各国资源禀赋各异，经济互补性较强，彼此合作潜力和空间很大。”根据产业活动规律，产业活动源于空间的异质性，包括自然环境的异质性、资源分布的异质性、发展水平的异质性，正是由于空间的异质性和相互比较，区域之间才有了优势产业与劣势产业之分，才有了资金、技术、劳动力、资源、产品等生产要素和生产产品流动的可能性和趋势。首先，从国家层面来分析，中亚五国石油、天然气、矿产资源与非矿产资源都比较丰富，从而石油天然气开采业、冶金和深加工等行业比较发达，工业占比也比较高，部分国家高于甘肃西部。其次，从区域层面分析，中亚五国在“一带一路”沿线的区域发展相对发达，比如哈萨克斯坦的阿拉木图、塔吉克斯坦的北部地区、土库曼斯坦西南部地区、乌兹别克斯坦中部地区，都具有相对周边地区而言的优势产业，这也是兰州新区制定产业新政策时必须要考虑的因素。最后，根据国家层面、区域层面的资源禀赋与优势产业分析，得出甘肃、兰州新区与中亚地区的产业互补与产业对接过程中所能供给的优势产业（要素和产品）和所需求的劣势产业（要素和产品）。比如，哈萨克斯坦石油天然气开采、冶金和深加工、交通运输和通信、电力工业比较擅长，能够出口，但需要国外的基本建设投资、资源开发合作、现代农业生产技术、粮食、食品、蔬菜、果品等；而甘肃的现代农业技术，尤其是旱作农业技术，相比较哈萨克斯坦而言具有优势，甘肃的石油化工工业需要哈萨克斯坦的石油天然气，甘肃省与哈萨克斯坦就有了产业互补性和对接可能性。

兰州新区作为甘肃积极响应“一带一路”重点区域，在“走出去”方面，要注重优势产业的发挥，促进产业竞争和产业合作。比如，甘肃的风力发电和太阳能发电在中亚地区就具有优势。哈萨克斯坦风电、太阳能上网电价折合人民币每度分别为0.77元和1.2元，甘肃风电和太阳能上网电价分别为每度0.54元（Ⅱ类）或0.58元（Ⅲ类）、0.9元，相对而言具有比较优势。甘肃的风电和太阳能就可以向西出口。在“引进来”方面，引进石油天然气等能源资源、优质资金、先进技术和管理经验，这属于第一层次的、直接的商品贸易往来联系，这种依托于区域之间的产业互补性与对接性所建立的经济联系，具有持久性和广泛性。但为了突出兰州新区在国家开发体系中的战略平台作用，兰州新区应当积极发挥自身位居内陆却又连接中东亚的区位优势，争取建立国际商品交易市场，尤其是依托甘肃、内蒙古以及中东亚丰富的矿产资源和能源资源，在兰州新区建立石油、天然气、煤、铁矿石等资源的期货交易市场，成为国际商品的集散地；也可以在兰州新区建立现代化的国际贸易结算中心，直接与国际市场接轨。这种期货市场和国际贸易结算中心，可以将兰州新区直接推向国际经济的最前沿舞台，同样，在兰州新区建设重要资源和能源的国际期货市场和结算中心，在“一带一路”大通道背景下，兰州新区相比新疆具有内陆安全的特点，相比宁夏具有工业基础的特点，相比西安具有靠近中东亚的优势，尽管这种特点比较牵强，能否实现关键还在于甘肃的积极作为。

2014年7月15日，国务院正式批准设立兰州新区综合保税区。兰州新区综合保税区享受税收、贸易管制、保税监管和外汇管理四大方面的优惠政策。通过兰州新区综合保税区，可以有效运用国际、国内两个市场、两种资源，一是吸纳国外、国内特色优势产业和现代服务企业集聚，促进产业布局调整优化；二是带动甘肃和西北地区资源深加工、制造业、物流业等转型、改造、升级，推动兰州新区及相关区域与“一带一路”沿线国家扩大经贸合作。对于全省发展外向型经济、拓展国内外市场而言，兰州新区综合保税区的批复建设为兰州新区成长为甘肃对外开放、建立外向型经济体系的桥头堡提供了一个全新的政策平台和政策机遇，有助于推动全省打造丝绸之路经济带黄金段，促进省内传统产业升级改造和战略新兴产业的大发展，加快全省承接国内外产业转移的步伐，进一步促进融入“一带一路”建设构建全面开放的经济新体系和新格局。

4. 扩大投资

兰州新区批复建设以来，国家对兰州新区的投资很大，项目很多，建设资金充足，兰州新区发展快；同时，兰州新区招商引资项目规模大、投资大、技术先进。从投资的类别上来看，主要包括产业投资和基础设施投资。

一是产业投资。2013年，兰州市整合集中兰州新区、高新区和经济区“三区”的资源和力量，全面启动了兰州新区石化、装备制造、科教研发中心、行政中心和区域中心、物流和高新技术，以及现代农业示范区六个产业园区开发建设工作。截至2014年7月底，新区六大园区已累计引进、在建各类重大项目286个，总投资达到3885.73亿元。其中，石化园区引进项目19个，总投资290亿元；装备制造园区招商引资到位资金累计完成201.1亿元，固定资产投资累计完成124.1亿元；行政文化园区已累计引进项目84个，总投资约1500亿元；科教园区招商引资到位资金累计完成41.4亿元，固定资产投资累计完成17.7亿元；高新区园区招商引资到位资金累计完成127.86亿元，固定资产投资累计完成60.18亿元；经济区园区招商引资到位资金累计完成75.19亿元，固定资产投资累计完成16.84亿元。

二是基础设施投资。从2011年兰州新区建设启幕，特别是2012年成为国家级新区以来，兰州新区基本完成了100平方公里核心区内的基础配套设施建设，路、水、电、气、热等基础配套设施基本建成。同时，面对常年干旱、少雨、多风沙、土壤盐碱化程度高的自然环境，兰州新区以国家级湿地公园、新区水系、道路绿化、南北山生态建设为核心，已累计完成造林绿化17万亩，建成了多条人工水系，使秦王川的生态环境得到明显改善。

5. 整合政策

兰州新区规划建设过程中，获得了来自中央政府、国家部委、甘肃省委省政府及其职能部门、兰州市委市政府等政府部门的政策支持、资金支持、技术支持等，其中政策类型多、覆盖面广、涉及单位和主体多，需要统筹协调好，大力提升各个扶持政策的整合效果。

其一，充分发挥好国家对兰州新区的政策支持。兰州新区建设指导意见的出台，也有一些新的政策措施，主要是两个“先行先试”，五个“加大”。第一个“先行先试”就是新区在行政管理体制、涉外经济体制、社会管理体制，包括技术创新和服务体系建设、发展民营经济等方面要先行先试，这个面很广。第二个“先行先试”是在未利用土地方面，支持新区在土地整理和开发利用方面先行先试。五个“加大”：一是加大新区的基础设施建设力度，并给予优先安排和重点支持；二是加大新区的生态建设和环境保护，包括新区的生态林建设纳入三北防护林建设体系中，另外也支持新区设立国家级湿地保护区；三是在金融方面也鼓励和引导金融机构加大信贷支持；四是加大产业政策的支持，对承接产业转移项目等适合在新区布局的重大产业项目优先在新区布局，并优先给予核准；五是在政策扶持方面，兰州新区也将体现出“国家级”的待遇，即国务院关于同意设立兰州新区的批复中要求有关部门要在政策保障、项目布局、资金安排等方面给予大力支持。

其二，充分发挥好兰州综合保税区为甘肃对外开放、兰州新区建立外向型经济体系所提供的政策机遇。兰州新区综合保税区为甘肃省进一步提升对外开放的层次和水平提供了一个新的政策平台，对全省打造丝绸之路经济带黄金段、大力发展先进制造业和现代国际服务业、加快甘肃省承接国内外产业转移的步伐、推进全省产业结构优化和经济转型升级、全面构建开放型经济新格局，将产生重大的带动和促进作用，将带来深远的影响。兰州新区综合保税区的主要优惠政策包括：（1）在税收方面，区内基建物资及进口设备免征进口关税和进口环节税；进口货物入区保税；境内区外货物入区视同出口实行出口退税；区内货物进入境内区外销售按货物进口的有关规定办理报关手续，并根据相关政策规定进行征税（由按货物实际状态改为选择性征税）；区内企业之间的货物交易免征增值税、消费税。（2）在贸易管制政策方面，除法律、行政法规和规章另有规定的外，从境外之间进出的货物，不实行进出口配额、许可证件管理。（3）保税监管政策方面，区内保税存储货物不设存储期限；区内加工企业不实行银行保证金台账管理；区内企业之间货物可以自由流转。（4）外汇管理方面，对进出境货物不办理外汇核销手续，进出区（境内区外）货物可用外币或人民币结算。

其三，集全省之力打造兰州新区。省委省政府正式文件以及主要领导的讲话中，反复强调，要准确把握兰州新区的战略地位，突出抓好理顺体制机制、借力全省资源、实现区市互动、提升开放水平四个重点，进一步强化引“高”、引“新”、引“强”、引“导”的务实举措，加快打造全省经济发展的增长极和转型升级的辐射源。兰州新区是全省发展的战略支撑，不仅要举全省之力推进建设，更要举兰州、白银两市之力推进建设，努力把兰州新区打造成推进兰白经济区建设的重要引擎和全省经济发展、产业转型、技术升级的增长极和辐射源。

其四，依托兰州市推进兰州新区建设，要处理好兰州新区与其他国家级开发区的相互关系。要以分工明确、功能配套、错位发展为原则，统筹兰州新区与兰州国家高新技术开发区、国家经济技术开发区的产业布局和发展，既着力壮大开发区在新区摆布的新产业园区，促进开发区与兰州新区的深度融合，又着力抓好开发区的建设，突出转思路、转方向、转结构，加快培育适合开发区特点的主导产业，不断提升产业发展集约化程度，真正实现兰州新区和开发区建设双向发力、相得益彰。

6. 提升战略

“一带一路”战略的提出，为兰州新区打造向西开放的战略平台提供了机遇。立足自身发展优势和存在的不足，以及“一带一路”开放新体系对兰州新区的新要求，兰州新区需要在开放视野、开放层次、开放方向及极化带动等方面做出积极的适应性调整，使得能够全面对接“一带一路”战略，共同发挥对外开放、对内带动的先锋引领作用。主要包括：

一是在发展视野上，强调引进来与走出去并重，既要向国际市场输送优势产品，更要从国际市场获取能源资源、优质资本、先进技术和管理经验。“一带一路”开放新体系新常态下，兰州新区要从过去以招商引资为主，转向现在“引进来”和“走出去”并重，从过去主要是扩大出口换取外汇，转向现在是产品市场、资源能源、投资都离不开国际市场，从过去只是被动适应国际经贸规则，转向现在主要参与和影响全球经济治理。

二是在开放方向上，强调西向东向开放互为补充、互为支撑。在“一带一路”开放新体系下，需要将“向西开放的重要战略平台”调整为“全面开放的战略平台”，依托“一带一路”所形成的开放体系，为兰州新区在开放方向与路径选择上提供更多的选择，并为不同选择之间进行优化互补提供了各种可能，即兰州新区内的企业可根据产品市场地和市场范围特点以及资源能源分布地特点，选择陆上贸易、海上贸易或海陆贸易互补，降低开放成本，提高开放效率和效益。

三是在产业定位上，强调出口产业体系的培育，以出口为导向建立国家重要的产业基地。在目前在建或已经建成的装备制造、高新技术产业、新材料、医药、仓储物流等产业体系的基础上，依托兰州新区综合保税区，瞄准国际市场，突出培育出口产业体系。

四是在辐射带动上，强调兰州新区区域增长极作用的发挥，以兰州新区的开放带动周边地区的开放发展。也就是说，积极发挥兰州新区作为区域增长极的极化效应，以兰州新区的开放开发实现兰州新区的大开放、大发展；以兰州新区的大开放、大发展带动周边地区的大开放、大发展。前提是兰州新区自身实现了开放发展，才能发挥自身区域增长极的作用。

7. 推进城镇化

随着城市化进程的加快，人口空间转移和产业空间布局优化对城市与区域空间结构的优化和新区的布局要求更加强烈，兰州新区的建设为此提供了历史机遇。中央城镇化工作会议的公报在2013年12月14日发布之后，很多人都记住了公报中的一句话：让城市融入大自然，让居民望得见山、看得见水、记得住乡愁。城镇化不是简单地让城市人口增加，让城市面积扩大，让城市楼房更高，让城市马路更宽，城镇化需要实现产业结构、就业方式、人居环境、社会保障等由乡到城的重要转变。

兰州新区作为区域内城镇化重点区域，一方面通过加速工业化进程、大量工业项目的建成以及生产性服务业的快速发展，为农业转移人口提供大量的就业岗位，使农业转移人口真正实现了职业身份的转变，这也是城镇化内涵中最核心的内容；另一方面，兰州新区在安置进城的失地农民过程中，需要抓住城镇化的核心问题，即人的城镇化问题，关心进城农民的住房、就业、养老等问题，从根本上实现公共服务的均等化和农业转移人口的市民化。只有让进城农民享受到城市基本的公共服务，让农民进得来，待得住，留得下，能发展，才不违背新型城镇化的初衷。

二、兰州城市空间结构演变特征①

1949年后兰州市进行过四次城市总体规划修编，分别为第一版（1954—1974年）、第二版（1978—2000年）、第三版（2001—2010年）、第四版（2011—2020年）。四次规划的实施对引导空间结构优化和空间关系科学配置起到了至关重要的作用。

（一）兰州市城市总体规划（1954—1974年）——基础

兰州第一版城市总体规划编制于第一个五年计划期间，根据国家工业建设计划，中央已将兰州列为国家城市建设重点之一。在城市大规模建设和工业快速发展的历史背景下，城市的主要目标是发展重工业，建设工业体系。1954年，兰州市建设委员会编制了《兰州市城市总体规划（1954—1974年）》，并经国家建委正式批准。

该版总体规划确定兰州市的城市性质为“社会主义现代化工业城市，甘肃省级领导机关所在地，全省政治中心，甘、青、新交通枢纽和货物集散之地”；兰州规划的市区范围：东起东岗镇、西至西柳沟、南北两山依可见的分水岭为界（包括阿干镇），共450平方公里。其中城市规划区土地面积为126.66平方公里。

该版总体规划在空间布局上采用田园式分散组团形式进行明确功能分区，以工业区建设主导、组团推进、跨越发展，构筑了带状组团城市空间结构框架，反映了兰州市重工业城市的基本特色。规划以黄河为发展轴，制定了西固工业区、七里河工业区、市中心区、东部计划工业区、安宁堡计划工业区、庙滩子工业区、高坪居住区、段家滩、阿干镇煤矿区、修养区、风景地区、仓库地区、蔬菜瓜果供应区、果木林带、沙井驿等15个区划，依托老城拓展中心区，建设兰州的政治、文化、教育、科研、商业中心和主要的居住区。

本版总体规划的空间结构是兰州城市空间发展的精彩跨越，这种跨越达30

①资料来源：兰州市规划局网站（http：//www.lzgh.gov.cn/cxgh/1bzg_ghsm.jsp）。

公里的大尺度的带状组团式格局，一定程度上避免了工业发展和城市发展可能存在的矛盾，成就了一个具有较大发展容量的空间框架，并成为以后20年的城市经济迅速发展的空间基础。但一版规划确定的西固重化工业的空间布局为未来城市发展埋下了隐患。

（二）兰州市城市总体规划（1978—2000年）——延续

兰州市二版规划编制于改革开放前期，国家当时倡导“控制大城市规模，多搞小城镇”的建设方针。在此背景下时任城建局副局长的任震英主持编制了第二次《兰州市城市总体规划（1978—2000年）》，至1979年10月29日，新一版兰州市总体规划获得国务院批准。

该版总体规划确定兰州市的城市性质为“甘肃省省会，全省政治、经济、文化和科研中心，第一线城市，西北铁路、公路和航空的交通枢纽，以石油、化工、机械制造为主的社会主义工业城市”，规划人口规模控制在90万人左右，用地规模148平方公里（其中城市用地105.9平方公里，农业用地42.1平方公里）。

规划提出了“控制城市规模，多搞小城镇”的主导思想，同时明确了“带状组团分布、分区平衡发展”的城市用地布局和建设发展原则。城市空间进一步明确组团功能分区布局，分为城关区、七里河区、安宁区、西固区，组团间注重分区平衡发展，提出“骨头”与“肉”的适当比例，合理安排生产和生活的配套建设。城区内建设用地的增加主要在安宁组团和盐场组团。市域规划了14个工业点，规划镇区面积除白银区为28.91平方公里外，其他均在10平方公里以下。镇区规划人口除白银区为12万，窑街为8万外，其他均控制在3万～5万以内。

二版规划城区空间规划完全继承了一版总规确定的带状组团空间结构，在控制城市规模思想背景下，城区发展主要靠挖潜、改造，进一步明确组团功能分区布局，完善强化带状组团空间结构。同时在谷地空间压力和国家方针的指导下，开始尝试市域拓展，初步提出在市区内原则上不再安排大中型工业建设项目，开发重点投向郊区小城镇的开发建设。

（三）兰州市城市总体规划（2001—2010年）——提升

进入20世纪90年代后，国家提出西部大开发的发展战略，缩小东西部之间在经济发展水平上的差距，实施投资向能源、原材料等基础工业倾斜政策，以及对外实行多层次、全方位的开放格局（特别是西部周边国家的开放），为兰州市经济的再度振兴提供了新的机遇。在此背景下，兰州市人民政府组织编制了第三次城市总体规划《兰州市城市总体规划（2001—2010年）》，2003年国务院予以批复，这是兰州市目前正在实施的城市总体规划。

该版总体规划确定兰州市的城市性质为“甘肃省省会，西北地区重要的工业城市和商贸、科技区域中心，西部地区重要的交通、通信枢纽”，确定规划期末市区人口规模194万人，用地159平方公里。

规划提出市域城镇布局和经济发展带主要沿交通干线、河谷川地分五条轴线展开，即向西——沿黄河、湟水、大通河轴线；向西北——沿庄浪河谷和兰新铁路、312国道轴线；向北——沿中川机场至秦王川盆地轴线；向东北——沿兰州至白银109国道轴线；向东——沿宛川河下游及陇海铁路轴线。把榆中县和平镇、永登县中川镇、西固区东川—河口地区、海石湾地区作为兰州市2010年以后的主要发展空间。市区发展坚持“带状组团分布，分区平衡发展”的原则，提出了新城区的建设，形成城关区与安宁区两个城市中心区，引导城市空间结构从单中心向双中心转变，形成“一河、两城、七组团”的城市结构。规划提出了“一水两山三绿廊”的城市风貌建设原则，引导城市从偏于东市区、以东方红广场—三台阁为轴线，向以黄河为轴线的转变，确立了黄河作为城市发展轴、景观轴、生态轴的地位。

三版总规创新地提出了“双心”格局，为区域性中心职能的发展提供重要空间，并提出了“一水两山三绿廊”的城市风貌建设原则，着重于城市环境品质的提升，为城市中心职能的提升提供保障，但实施效果欠佳。同时在河谷盆地的空间压力下，力求市域拓展，明确榆中县和平镇、永登县中川镇、西固区东川—河口地区、海石湾地区作为兰州市2010年以后的主要发展空间，但发展重点不明确，功能定位不清晰，并缺乏明确的措施。

（四）兰州市城市总体规划（2011—2020年）——拓展[①]

《国务院关于兰州市城市总体规划的批复》（国函〔2015〕109号）中原则同意《兰州市城市总体规划（2011—2020年）》（以下简称《总体规划》）。该版《总体规划》对兰州市的发展定位是“兰州是甘肃省省会，西北地区重要的工业基地和综合交通枢纽，西部地区重要的中心城市之一，‘一带一路’的重要节点城市”，要求“逐步把兰州建设成为国家向西开放的战略平台，西部区域发展的重要引擎，西北地区的科学发展示范区，历史悠久的黄河文化名城，经济繁荣、社会和谐、设施完善、生态良好的现代化城市”。

在规划视野上，该版《总体规划》确定的5810平方公里城市规划区范围内，实行城乡统一规划管理。在发展规模上，该版《总体规划》确定到2020年，中心城区常住人口控制在275万人以内，城市建设用地控制在250平方公里以内。在发展方向上，兰州市将实施空间拓展战略，推动兰州新区承载产业基地，促进中心城区集聚中心职能。具体将推动大型产业基地（尤其是西固重化工业）跳出现有城区，在兰州新区寻找新的发展空间；中心城区通过西固重化工业置换、加快高新技术开发区和经济技术开发区增容扩区获得发展空间，实现区域中心职能的有序聚集。在兰白经济区形成“一主两副五带”的空间发展格局。在

① 资料来源：兰州市城乡规划局网站上公布公示内容（网址地址：http：//www.lzgh.gov.cn）。

关于兰州新区的定性上，该版《总体规划》强调促进中心城区和兰州新区协调发展，有序疏解人口和城市功能，并且强调突出兰州新区经济结构战略性调整，突出特色产业、循环经济和节能环保，突出对内对外开放，突出改革创新，推动兰州市在带动甘肃及周边地区发展、深入推进西部大开发、促进我国向西开放中发挥更大作用。

四版新规有着鲜明的特点，即城市功能由传统工业城市向区域性现代化中心城市转型；产业结构在中心城区由以重化工业为主向以现代服务业为主转型，其他产业向兰州新区和园区集中；城市建设由工业城市向生态宜居城市转型；城市空间由河谷盆地向盆地外围拓展跨越；城市结构由河谷单中心城市向区域多中心城市转型；城市规模由200平方公里向400平方公里跨越；规划理念由注重技术向注重公共政策转型。

（五）演变特征

从城市的发展回顾来看，兰州城市有五个特点。

1.国家战略：基地和中心的双重动力

从兰州城市的发展历程来看，虽然兰州地处西北，城市发展受到自然资源条件（土地和水源）的制约，但其战略区位条件，使兰州总能在国家层面和区域层面占有一席之地。兰州的城市发展中也始终兼顾着“国家基地”与“区域中心”两种基本职能，成为推动城市发展的双重动力。历版总体规划的城市定位主要围绕国家产业基地和区域中心城市两个基点展开。

2.自然地貌：两山夹一谷的单一空间

兰州市境内黄土梁、峁和沟谷等地形广泛分布，地势是西北和西南高，中间低，地形高差大，海拔在1400至3670米之间。黄河由西南向东北横穿全境，形成了峡谷和盆地相间的串珠形河谷。全市山地占总面积的65%左右，半山地占20%左右，河川（盆）地约占15%。

市域内虽有榆中盆地和秦王川盆地，但都为严重缺水地区，而且海拔较高且与黄河谷地距离过远，引水困难（黄河谷地海拔高度1500米左右，秦王川盆地距黄河谷地约70公里，平均海拔在1900米以上，榆中盆地距黄河谷地约40公里，平均海拔在1700米以上）。黄河谷地有黄河穿流而过，形成了兰州市“两山夹一谷”的地形特征。水资源丰富的黄河谷地成为城市发展和历版总规的核心地区，随城市规模的扩大，空间压力较大，历版总规空间都进行市域拓展的尝试，但效果欠佳，城市的发展要素依然不断聚集在黄河谷地。

3.空间拓展原则：轴线拓展、组团推进

兰州城市空间发展过程，展现出轴线拓展、组团推进的过程。一版总规构筑了城市空间沿黄河带状组团布局的基本结构，城市由老城区迅速向西、东两个方向拓展，形成了西固区、七里河区、城关区三个主要城市组团。二版总规在一版的基础上，城市空间优化重组，沿黄河在安宁、盐场等地区继续扩展。三版总规确定的“一河两城七组团”城市空间结构更加强化了带状组团格局，新区与老城形成了双中心格局，七个组团沿河发展。四版规划确定兰州中心城区将形成“一河两岸，三心六组团”的多中心组团型空间结构。兰州城市由最初的老城区依河布局发展到现在的七组团沿河推进，展现出兰州城市五十年来沿黄河轴向拓展、组团推进的空间发展过程。因此轴线拓展、组团推进的发展方式是兰州城市空间拓展的主要模式。实践证明，组团式的轴向空间拓展模式，基本适应了各个历史时期国家发展战略及产业布局对兰州城市空间的要求，表现出极大的弹性和适应性，同时在一定程度上降低了城市发展的成本。

4.功能组织原则：有机分散、分区平衡

带状组团分布，分区平衡发展，是四次总体规划一贯坚持的原则。四次总体规划突出强调了分区平衡发展，注重组团内部就业与居住的平衡发展，减少跨组团的交通需求。但实际发展中，分区平衡的原则主要落实在职住平衡上，而忽略了生活服务等配套设施的完善，并最终导致老城区的集聚发展和单中心城市结构。第三版总体规划提出建设新城区，构筑双中心的城市结构即有意通过新区的开发建设在城市整体上达到综合服务的分区平衡，减轻老城区的压力。第四版总体规划提出建设形成“双城”格局，即主城为兰州中心城区，副城为兰州新区。

5.规划视野从兰州转向兰白经济区

根据兰州市第四版总体规划，兰州城市发展在兰白经济区形成“一主两副五带”的空间发展格局。兰州市将实施空间拓展战略，推动兰州新区承载产业基地，促进中心城区集聚中心职能。具体将推动大型产业基地（尤其是西固重化工业）跳出现有城区，在兰州新区寻找新的发展空间；中心城区通过西固重化工业置换、加快高新技术开发区和经济技术开发区增容扩区获得发展空间，实现区域中心职能的有序聚集。在兰白经济区形成“一主两副五带”的空间发展格局。一主：兰州市区（远景包括榆中盆地），区域性综合服务中心；两副：兰州新区和白银市区（含刘川工业园）；五带：兰州—西宁西向城镇发展带、兰州—定西东向城镇发展带、临夏—兰州—白银黄河城镇发展带、兰州—武威西北向城镇发展带、兰州—甘南南向城镇发展带。

（六）兰州城市空间的局限性

“两山夹一谷”的特殊地理环境使得兰州市以往发展主要集中在黄河谷地。从经济总量和人口规模看，谷地内的城关区、西固区、安宁区和七里河区远远领先于外围的永登县、皋兰县和榆中县。其中城关区GDP最高。但发展趋势和兰州用地空间的局限性，使得兰州市产业布局和城市空间结构需要做出新的调整和优化。

1. 用地供给不足

黄河谷地有限的空间资源无法满足城市发展，用地供给不足成为制约城市发展的重要因素。在第三版城市总体规划的规划区范围（221平方公里）内，尚余可建设用地存量约27平方公里（近50%为坪上，用地条件不佳）。从近年城市发展看，年均增长4个平方公里。谷地内用地存量不足，无法满足城市未来发展。

用地供给不足导致了一系列的问题：一是建成区建筑容积率过高；二是一定程度上推动房价快速上涨，超过居民可支配收入承受范围；三是工业地价偏高，不利于高新技术产业发展与结构调整。

2. 环境容量不足

兰州特殊的盆地地形决定了其环境容量有限，尤其是西固重工业组团的发展导致了城区环境容量不足，环境质量堪忧。

（1）城市安全问题突出

西固重化工业组团位于兰州城市水源上游区，与主城区联系紧密，存在较大的安全隐患。2014年4月11日，兰州威立雅水务（集团）公司出厂水苯含量超过国家10微克/升的限制标准，致使数百万人的饮用水安全受到严重威胁。2010年1月7日，兰州石化公司石油化工厂316罐区爆炸着火，爆炸事故致1人重伤、5人轻伤、9人留院观察，另有5人失踪。2009年9月7日晚，兰州市西固区一家化工厂发生有害气体泄漏，造成数十名周边群众中毒，包括当地2所学校学生在内的数千名群众被紧急冒雨疏散。其间有105人到医院询诊。2008年2月28日，西固区109国道西新线坡底下段公路以北一废弃加油站院内，发生液氨槽车20吨液氨泄漏事故，事发地点下游不到5公里就是兰州市饮用水水源地取水口，对城市安全造成极大威胁。

（2）大气污染依然严重

兰州市两山夹一河的独特地形及强逆温、弱风速的天气条件导致污染物在市区上空滞留，无法向周边扩散出去。人口在谷地内的大量聚集形成了多种污染源，特别是西固重工业组团的布局直接导致了城市大气环境恶化，污染严重。在有利于扩散和一般污染情况下，兰州污染最重地区在西固重化工业地区。尽管近两年实施的“蓝天工程”通过散水降低粉尘污染，但这仅仅是治表措施，而非治本手段，大气污染的根治还要取决于城市产业结构的升级。目前，兰州市城区空气污染主要呈扬尘、煤烟和机动车尾气混合型污染特征。二氧化硫年平均浓度为0.029毫克/立方米，二氧化氮年平均浓度为0.048毫克/立方米，超过国家二级标准（0.04毫克/立方米），可吸入颗粒物年平均浓度为0.126毫克/立方米，超过国家二级标准（0.07毫克/立方米）。

（3）水资源污染问题

虽然兰州工业污水控制较好，但是大量集聚的人口给黄河兰州段带来的污染依然不可忽视。2014年黄河兰州段地表水水质总体较好，在监测的5个断面中，扶河桥和新城桥断面达到二类水质标准，水质状况优；包兰桥和什川桥断面达到国家三类水标准，水质状况良好；支流湟水桥断面为四类水质，水质较差。

（4）自然风貌受损

兰州市独特的自然山水风貌是兰州的自然天赋，是构成兰州城市空间特色的重要组成部分。城市一直在有限的空间里见缝插针，谷地原有的河滩地、绿地等都受到城市建设的侵蚀。填水、削山、占绿的填充式空间拓展方式使城市组团间由原来的城园相嵌变为连片蔓延，同时对滩涂湿地与山体的侵蚀严重破坏了生态平衡，影响城市生存环境，谷地的宜居特色和传统山水风貌正在丧失。

3. 企业空间调整不足

兰州城市土地供给不足和环境容量不足属于客观情况，客观地形地貌对兰州空间蔓延式拓展造成约束，但在城市空间结构优化和城市形象美化工程中，最为快捷和明显的是楼堂馆所的修缮，而不是为城市创造财富的工业企业厂房，也就是说，对目前影响城市市容和人居环境的城区内工业企业的改造、升级和空间调整的力度不足。尽管这些众多的工业企业在城区内的分布是历史原因造成的，而且在一定的历史时期为兰州市发展做出了不可磨灭的贡献，但在城市发展过程中，这些企业的更新换代赶不上市场经济发展的步伐，逐渐成为城区人居环境的主要干扰因素。在实际的操作中，城市空间结构的优化重点在办公楼、写字楼、宾馆、会所等建筑空间，而不是生产性企业，这样造成的结果是办公楼、写字楼越来越新、越来越高，相对地，工业企业却越来越破旧。这里有市场经济作用下改造成本和产品市场的问题，但也不乏观念问题。

三、兰州老城区与兰州新区空间关系科学配置

党的十八届三中全会提出“优化城市空间结构和管理格局，增强城市综合承载能力”，中央城镇化工作会议进一步提出了推进城镇化的六项主要任务，并将“形成生产、生活、生态空间的合理结构”作为提高城镇建设用地利用效率的主要目标。党的十八届三中全会和中央城镇化工作会议精神为城市空间结构优化，特别是城市老城区与城市新区之间的空间关系科学配置提出了新要求、新举措。兰州新区作为我国第五个国家级新区，不同于一般工业开发区、高新技术产业园区和专业基地，不仅级别高、规模大、投资多，而且对城市和区域的未来发展影响深远，它的规划和建设为推进高水平城市化进程、优化城市空间结构、实现城市功能分工等带来投资、土地、政策、战略和发展等多方面的重大机遇。针对兰州城市经济发展与空间约束、环境污染之间的现实矛盾，贯彻落实中央精神，把握机遇，积极探索兰州新区介入城市空间关系科学配置的途径和应对策略，使得兰州老城区、兰州新区及生态环境之间形成生活、生产和生态空间的合理结构，

具有重要意义。

（一）文献梳理

1. 国外研究现状

近年来，在世界范围内关于城市新区（包括大型开发区或者工业园区等）建设的研究，一方面是在城市经济扩张的范围内进行，目的是如何做大城市经济总量；另一方面是在城市化的范围内进行，这就必然涉及新城区与老城区的关系问题，也就是城市空间结构优化的范畴。目前，国际学术界对城市空间结构优化研究的新成果和新观点主要有：一是认为城市空间结构是城市功能区的地理位置及其分布特征的组合关系，是城市功能组织在空间区域上的投影（Gallion，1983）；二是城市空间结构模型分为单核心和多核心；三是城市空间结构形成的核心影响因素是不同地价导致不同的土地使用（Alonso，1960），或者是新的生产形式对资本流动及再生产的需要；四是优化城市空间结构路径及其实践，如“田园城市”理论、卫星城规划建设和有机疏散理论等。

关于城市新区（开发区）的实证性研究新观点主要有：一是认为政府的组织引导作用、企业的集聚作用、园区的孵化作用是新区发展的主要机制（Francis C C Koh 等，2005）；二是认为新区的空间分布与城市等级规模密切相关，园区是城市资源迅速集聚的重要平台（Shearmur R 等，2000）；三是城市新区的成长过程主要经历了从以疏散中心城人口、接纳外溢产业为主，到扩展成为新的城市经济增长极和城市空间结构的重要有机组成部分的变化阶段；四是城市新区建设在城市发展中的作用呈现多样化趋势，新区建设推动城市空间结构调整和重组的作用愈加突出。

2. 国内研究现状

我国国家级新区的建设开始于改革开放中期，国家级新区是综合配套改革试验区的重要形式之一，具有改革先行先试区、新产业集聚区等特征。国内各界学者、专家对国家级新区建设的有关问题已经进行了多学科的综合探讨，着重从国家级新区定位、自身管理体制、发展路径等方面进行了研究，主要观点有：一是国家级新区的规划和建设具有非常重要的战略意义，对城市经济扩张和推进城市化进程的作用同等重要；二是国家级新区的管理体制与功能区设置之间的交互影响和协同演进决定了国家级新区的发展路径（王佳宁、罗重谱，2012）；三是国家级新区的经济功能区不仅体现在“极化发展”上，而且开始进入“泛化延伸”的新阶段（张道航，2011）。

目前关于城市新区（或开发区）对城市空间结构影响方面的研究观点主要包括：一是我国新区（开发区）与城市空间结构演进的基本类型可分为双核结构、连片带状结构、多极触角结构等（张晓平、刘卫东，2003）；二是新区发展速度以及城市空间结构优化路径取决于所依托城市经济发展速度和持续时间（赵燕菁，2001）；三是开发区空间拓展带来了城市空间的重构，一方面导致了“城市蔓延”状态，另一方面客观上为城市空间结构优化提供了契机（张艳，2007）；四是开发区与城市空间、社会空间相互作用和相互影响（王战和、许玲，2005）。

3. 研究评述

综上所述，目前国内外关于城市空间结构优化与城市新区规划建设相关性的研究文献不是很多，直接研究中国国家级新区与城市空间结构优化的成果和文献更少。从国外的研究来看，大多数研究集中在城市经济扩张、城市产业培育和城市竞争力提升的角度上，较少谈及新区对城市空间结构优化的实际调节作用。从国内的研究来看，大多数研究也是倾向于新区的经济功能，而忽视新区的空间功能。因此，本章选择兰州新区的规划建设与城市空间关系科学配置相关性和策略问题作为研究主题具有一定的理论和实践意义。

（二）兰州新区介入城市空间关系科学配置的途径

兰州新区建设对兰州城市经济社会发展带来方方面面的影响，但对城市空间结构的影响主要通过功能分工、产业布局、环境治理及交通联系四个方面起作用，其中功能分工和产业布局是核心，环境治理既是手段也是结果，交通联系则是发展支撑条件。

1. 功能分工

兰州老城区与兰州新区处于不同的发展阶段，具有不同的特点和发展基础，从而承担着各具特色的城市职能。从总体上来看，兰州老城区人口密集、基础设施和公共服务设施齐全、自然环境相对良好，比较适合人们生活、休闲、娱乐、消费，“城市，让生活更美好”，在老城区能够得到更好的体现，所以兰州老城区要承担起生活消费职能；同时，由于金融、商贸流通等服务业的集聚与升级以及区域性中心城市的定位，需要兰州老城区增强其区域中心城市的综合服务功能。相对而言，兰州新区作为国家向西开放的战略平台，国家经济转型和承接东中部装备制造业转移的先导区，发展战略性新兴产业、高新技术产业和循环经济的重要集聚区，沟通西部地区的重要交通枢纽和物流中心，很明显，工业生产和财富创造则是兰州新区的核心职能。由此兰州老城区与兰州新区在功能上互补，相互之间的协调互动发展成为新老城区空间关系科学配置的重点，也是通过兰州新区建设优化城市空间结构的空间发展战略所在。

2. 产业布局

产业发展是完善城市职能和增强城市综合实力的根本。不同产业对产业空间具有不同要求，这是产业降低生产成本和提高产出率的市场化表现。产出率较高的消费、服务业一般分布在城市中心区，由于较高的产出可以接受较高的土地价格；产出率较低的农业和工业，一般分布在城市郊区。遵循市场规律，兰州老城区与兰州新区的产业发展方向不一样，应该各有侧重点。一是兰州老城区突出发展金融、商贸、流通、咨询、管理等知识密集型生产性服务业，同时引导发展餐饮、休闲、娱乐、文化等生活消费性服务业；二是兰州新区突出发展机械制造业、石油加工业、新能源产业、生物制药等产业，以创造财富的生产为主；三是依托兰州新区工业生产特点和产业集群，引进资源型企业，集中回收、分类、处理、加工、再利用，通过市场化手段，扩大废弃物综合利用规模，来提高废弃物综合利用率，包括废水、废气、固体废弃物的规模化循环利用；四是引导产业集群发展，促进产业空间优化布局。

3. 环境治理

老城区人居环境改善的根本途径在于转变经济发展方式、调整产业结构、优化产业布局，从城市功能分工和空间结构优化的角度根本上解决经济发展与人居环境之间的矛盾，概括起来，具体途径主要包括：一是老城区落后产业、污染性产业向城区外疏散，凭借兰州新区建设的机遇，在城区外集聚；二是老城区腾出空间用于产业升级换代，同时增加绿地布局，提高绿地率；三是在兰州新区集聚的从老城区迁移的产业、承接的东部沿海地区的转移产业以及发展起来的配套产业，按照产业集群的发展方式，注重相互间的合作，延长产业链，推动循环经济在新区的发展；四是转变招商引资观念，引入资源型企业；五是建立健全可转让排污许可证制度，运用市场手段提高资源综合利用率，降低对环境的干扰；六是新区注重加强生态环境建设。

4. 交通联系

兰州新区与老城区之间明确的生产与生活、作业与消费、实体经济与服务经济之间的功能分工，导致了新老城区之间流量大、时间规律、持续运行的交通需求。鉴于此，需要在新老城区之间建设多样性、快捷性、容量大、通畅性的交通联系网络，构建公路、铁路、航空三位一体的区域交通联系，支撑兰州新区建设，同时为新老城区之间的人流、物流提供便捷。同时，创新兰州新区作业日制度，实行倒班制，集中和优化作业和生活时间，既方便穿梭于新老城区之间的人们，同时减少朝出夕进的交通流量，减少交通压力。

（三）兰州新区介入城市空间关系科学配置的措施

1. 规划衔接

城市规划是兰州新区与老城区空间关系科学配置的重要载体。兰州新区规划纳入兰州城市总体规划，需要处理好以下几个问题：一是兰州新区是国家级新区，依托兰州市而建设，所以兰州新区规划是兰州市总体规划的分区规划；二是兰州新区承担着国家战略职能，同时承担着兰州城市发展职能，在新区性质确定上既要考虑国家战略，同时也要考虑城市发展需要，两者统一的地方就是兰州新区要承担起城市产业基地和区域经济增长极的作用；三是根据城市职能分工，兰州老城区以生活消费和商贸服务为主，兰州新区则是以工业生产和创造社会财富为主，这需要在城市总体规划的功能分工中明确提出，也要在兰州新区的性质与职能定性中明确；四是由于城市职能分工的空间错位，生活与生产在空间上属于不同的功能区，必然产生相应的交通需求，在兰州城市总体规划中需要对交通联系做出明确的规划安排；五是在建设期限的确定上，既要分近期与远期，同时又要注重兰州新区规划建设与老城区改造升级同步进行；六是依据城市功能空间分工，产业发展战略和产业布局也要在全市范围内统筹安排，尤其是兰州老城区与兰州新区各自相对应的服务与生产的产业布局特点。

2. 发展同步

兰州新区获批建设国家级新区，在与兰州老城区改造升级的协调方面容易出现以下问题：一是将精力、财力、人力、物力全都集中在兰州新区建设上，使得兰州老城区改造升级迟缓；二是兰州老城区综合性服务职能得不到有效提升和体现，影响兰州综合实力的提升和对兰州新区建设的有效支撑；三是兰州老城区“出城入园”的工业企业在搬迁与入驻上出现时间差，两边均得不到有效落实；四是新区建设以及工业生产与人口流动、基础设施、服务设施之间的发展进程不匹配，企业开工生产需要员工，但员工就业基本的生活设施和老城区或居住地家庭间的基本交通联系不完善，其中任何一项建设跟不上整体建设步伐将会影响全局。所以，在新老城区空间关系科学配置上要注意老城区的升级改造与新区规划建设的同步性：一是兰州老城区旧城改造与兰州新区建设同步，在建设项目、资金安排上同步；二是在建设时序上注重协调，既要注重“出城入园”企业的搬迁、技术改造进程，同时还要注意企业在兰州新区的选址、设施配套、规划建设进程，做到协调一致，提高效率，避免浪费；三是要积极促进生产性服务业的发展，既包括兰州老城区金融、流通、商贸、技术研发等知识密集型生产性服务业的发展，同时还包括在兰州新区技术研发、仓储、技术、物流配送等生产性服务业的发展；四是以交通为核心的公共基础设施建设促使新老城区同步互动发展；五是兰州新区城市建设与组织管理、生态建设、环境保护等同步；六是兰州老城区旧城改造、工业企业出城入园、产业升级换代、生态建设等同步。

3. 政策协调

兰州新区建设，既享受国家级新区、国家级经济技术开发区、高新技术开发区等国家级开发区的一系列支持性政策，同时也享受省、市两级政府的支持政策，既有国务院、省政府、市政府出台的综合性政策，也有部委、厅局出台的专项支持政策，从各个方面、各个角度、各个领域支持新区建设发展。但不容忽视的是，由于部门之间出发点和关注的重点不一样，政策设计、政策落实、项目安排和资金落实等方面出现重复和不一致现象。正因为如此，不同层级政府之间、部门之间在政策设计时要充分沟通和协调，以保障政策合力的充分体现。一是下级政府尊重上级政府政策，并做到充分解读和挖掘政策内涵，尤其是兰州新区建设过程中要充分挖掘国家政策的含金量，最大限度获得国家支持。二是产业发展政策与生态建设、环境保护政策之间的协调，既要鼓励生产性企业大发展，推动技术进步和工艺改造，提高资源、能源利用率，减少“三废”排放，同时更要引进资源型企业，通过市场化的途径对“三废”进行规模化循环利用，从根本上实现经济发展与生态环境的协调共赢。三是基础设施建设、公共服务设施建设与生产性设施建设之间的协调，坚持“基础先行”和“基础超前”原则，同时保障生产性设施建设顺利进行和工业顺利运行。

4. 组织管理

以兰州新区的规划和建设为契机，科学配置新老城区空间关系，实现优化城市乃至区域空间结构的目的，其中科学的组织与管理必不可少。一是在管理组织安排上，不能仅限于兰州市域范围，要能够体现跨区域特性，达到区域协调与合作的目的；二是在管理视野上，不能局限于兰州老城区或兰州新区，而是要放眼全局，从更为广阔的区域视角来审视兰州新区建设和兰州老城区的改造升级，将兰州新区的建设作为优化区域空间结构、提升老城区综合实力和品牌效应的机遇和途径来对待；三是在管理途径上，借助区域规划和兰州城市总体规划，坚持规划先行与严格执行规划原则，统筹安排兰州老城区改造升级与兰州新区建设，以及新老城区之间，与周边城市的交通、电力、电信、燃气等基础设施建设；四是在管理手段上，要科学论证规划的科学性和前瞻性，保障规划的可操作性，在此基础上，通过合法程序保证规划的法律效力；五在管理主体上，既要严格执行规划和各项规章制度，同时，在各项制度范围内，做好政府服务职能，提高办事效率，为参与建设主体赢得时间、赢得效率；六是在管理对象上，遵循市场规律，运用市场手段，以实际和潜在经济效益引导市场主体积极参与老城改造与新区建设。

（四）创新发展理念，促进兰白经济区建设

兰州新区作为国家级新区，在推进兰白经济区空间结构优化与经济社会协同发展方面，相对于其他传统开发区，具有得天独厚的发展优势和空间优化功能。为了更好地发挥兰州新区的优化功能和把握机遇，省市政府需要创新发展理念，在空间思维、全局意识、系统思想、改革创新以及体制机制等方面做出优化调整。

1. 整合发展优势，突出空间功能

兰州新区作为国家级新区，对于优化兰白经济区空间结构具有得天独厚的优势。一是政策覆盖面大，扶持力度强。兰州新区不仅享有一般传统开发区的支持性优惠政策，同时还有国家级新区相关政策，比如，支持体制机制创新政策、实施差别化土地政策、加大基础设施建设与生态环境保护支持力度、优先布局重大项目及加大金融支持等政策。二是新区占地范围广，规划面积大。兰州新区土地利用占地范围广、建城区规划面积大，均超过了一般传统开发区，这是对兰州老城区用地空间紧张的有益补充，也为白银主城区“出城入园”的工业企业提供了广阔的发展空间。三是功能定位明确，发展前景广阔。“西北地区重要的经济增长极、国家重要的产业基地、向西开放的重要战略平台和承接产业转移的示范区”，是国家赋予兰州新区的重要使命，更是兰州新区快速发展的重要机遇。四是区位优势独特，极化效应突显。兰州新区作为“全国向西开放的重要战略平台”，是甘肃对接“一带一路”倡议的突破口和对外开放的窗口，也是兰白经济区发展外向型经济、带动周边地区大开放、大发展的重要机遇和发展平台。

2. 增强全局意识，突出功能分工

兰州新区是兰白经济区复合中心的构成单元之一，需要与兰州老城区、白银主城区协同发展，共同担负起引领全省经济转型发展的中心带动职能。针对以往区域内城市发展过程中出现的城市定位雷同、产业发展同质以及因此造成的低水平恶性竞争的现象和问题，结合打造丝绸之路经济带甘肃黄金段，需要站在全球产业链分工和全国城镇体系职能分工的视角，遵循现代城市功能分工理论，统筹推进兰白经济区及兰州市、白银市、兰州新区在全省范围内的功能分工与协同发展。由于兰州新区、兰州老城区、白银主城区，分别处于城市不同的发展阶段，在区域空间结构自我完善过程中承担的功能各有重点。一是兰州老城区经过了工业化生产的主要阶段，城市功能从工业生产逐步向生活消费职能和区域服务职能转变，在功能定位上应当着重考虑兰州老城区的区域中心职能和生活消费职能；二是白银主城区经过了资源型城市发展的产生—发展—繁荣的各个阶段，现在面临着资源枯竭和城市转型的问题，在城市性质上应当由原来的国家重要工矿城市逐步转变为功能齐全、发展协调的区域中心城市，在功能定位上应当由原来的产业基地逐步转变为区域经济、政治、文化中心，强调生活消费功能的提升；三是兰州新区是国家战略与区域战略共同作用下形成的新城新区，发展速度快、发展规模大、企业化运行机制健全，在规划中将兰州新区定位为生产、生活、生态功能齐全的现代化新城，但在发展的初始阶段，工业生产仍是兰州新区发展的原动力，工业集聚与财富创造是兰州新区当前的核心职能与功能定位。

3. 树立系统思维，突出整体效果

推进兰白经济区建设，是一项涉及区域发展要素科学配置与高效利用、城镇体系空间与职能结构优化、产业优选与空间布局、经济发展与生态环境保护等一系列内容的系统工程，需要树立系统思维，做好统筹安排，以增强区域发展的整体效果。其中，统筹兰白经济区建设过程中的规划、建设与管理三大环节尤为重要，只有三大环节相互衔接与融合，才能使得统一的发展目标与规划蓝图在建设过程以及管理过程中得以体现；如果其中某一环节过于突出或者明显短缺，或者相互脱节，都会影响区域经济一体化目标的实现。一是将兰白经济区建设纳入

“一带一路”建设体系之中，尤其要充分认识兰州老城区、白银主城区和兰州新区的空间关系科学配置和协调发展，对于促进兰白经济区发展和引领甘肃中部地区乃至全省的发展都具有重要意义。二是在规划中充分体现兰州老城区、白银主城区以及兰州新区的功能分工，即兰州老城区注重生活消费功能和区域服务功能的提升，白银主城区注重城市转型、完善城市区域中心的综合职能，兰州新区则注重生产功能的培育与提升。三是完善规划体系，避免规划脱节，进一步完善控制性详细规划和修建性详细规划以及相应的专项规划。四是分期规划，明确各阶段重点职能，尤其是兰州新区在建设初期，现阶段首先承担的是兰州市的工业生产职能，在远期，可作为兰白经济区副城（副中心）来对待，这符合城市发展的客观规律。五是强调规划编制要接地气，注重公众参与。六是建立健全规划评价监控、监督检查机制，完善规划决策机制，提高规划决策的科学性、可操作性。

4. 注重改革创新，突出持续发展

一是要重视空间规划，推动“多规合一”。经济社会发展五年规划与区域发展规划、城市总体规划、土地利用总体规划等空间规划，都是在同一块国土空间上得以实现。现在各类规划分属不同部门管理，规划体系、编制单位和编制流程不同，审查过程与管理环节不同，最后的结果往往是多个规划在内容上出现不一致的现象，实施起来操作性较差，因而要推进“多规合一”这项工作。二是在管理体制上，注重红线管理，明确权力清单。注重红线内管理的强制性，增强红线外经济活动的市场性；注重红线内的生态保护，增强红线外重点开发区的发展效率。三是围绕兰白经济区建设的规划、建设和管理各个环节，尽可能地运用现代科技手段，比如借助“互联网+”建立数字平台，为政府、企业、个体提供综合性服务，也为政府各个职能部门共享数据信息提供统一平台，高效率、低成本地推进规划、建设和管理各个环节的沟通与协调。四是认真贯彻落实《科技部支持开展兰白科技创新改革试验区建设试点的复函》（国科函高［2014］214号），统筹推进科技创新、制度创新、产业创新、城市管理创新和军民融合创新，努力把兰白实验区建成为全省创新驱动发展的引擎和龙头。五是继承和发扬中国传统文化。传统习俗、文化氛围，根深蒂固、潜移默化地影响着人们的思维习惯与行为方式。中国古人的“天人合一”思想，就是今天我们所追求的生态绿色思维。在推进兰白经济区建设的过程，尤其需要增强文化自信，深刻理解古人对“天地人”关系的认识，并转化为我们今天的实际行动，实现经济、社会与生态的协调、健康与持续发展。与此同时，要以文化为载体，打造自己的区域精神与城市品牌，对外树立形象，对内凝聚人心。

5. 优化体制机制，突出制度资本

《兰州—白银经济区发展规划》实施过程中存在的体制约束、区划限制具有历史悠久、覆盖面广、影响程度深的特点，使得区域合作与融合操作乏力，推进难度大。一是体制约束依然较强，两市合作进程中需要承担的制度成本过高。虽然有《关于进一步支持甘肃经济社会发展若干意见》（国办发［2010］29号）、甘肃省委省政府的大力推动，而且兰州市、白银市在2013—2015年确定了两市联席会议机制，也制定了兰白区域经济合作发展的年度行动计划，但都不可避免地受到体制和行政区划的限制影响，实际合作、融合起来操作乏力，推进难度要比想象中的大。二是兰白产业对接难度大，兰州是一个以石油化工为主的重化工城市，而白银则是以铜硫矿采掘为主的资源型城市，两者在各自的优势产业上无法对接，很难构成一个可以互相衔接的产业链，尤其工业项目对接、产业链条互补等方面难以融合和一体化发展。三是招商引资竞争大于合作，虽然兰白经济区承接产业转移示范区已经得到国家层面的批复，但目前兰州、白银在承接产业转移方面的相关规划和实施意见衔接不一致、步调不一致，导致竞争大于合作。

针对以上存在的问题，需要优化体制机制，培育和提升制度资本，降低兰白两市融合发展、推进兰白经济区建设过程中的制度成本。一是推进建设兰白两市和兰州新区合作共赢的统一平台，并争取三者合并升格为副省级城市，在统一的发展平台上有助于降低区域内功能分工和布局优化的制度成本，进而提高经济发展效率。二是立足全国与全省发展战略，形成兰白两市及兰州新区抱团发展的体制机制，整合区域发展资源、培植发展优势，加速整体对接和融入国家“一带一路”建设。三是建立兰白经济区协调发展的统一目标导向，统筹政府、社会和个体三大主体的积极性，调动和发挥各方面的积极性、主动性、创造性，尽最大可能推动政府、社会、市民同心同向行动，使政府有形之手、市场无形之手、市民勤劳之手同向发力。

第十四章　干旱半干旱地区工商资本转型投资现代农村规模种养业的途径与效果

——平川区黄峤乡调查[①]

甘肃省白银市平川区黄峤乡在过去是一个典型的高寒阴湿的贫困地区，现在是一个成功实现工商资本向农村转移，投资创办规模化、现代化和市场化的公司制牧场、公司制农场的典型。从“十二五”规划以来，该乡按照工业反哺农业的要求，鼓励和引导“煤老板”到农村投资，仅仅三年的时间，已经初步形成了相当的规模和发展影响力。不仅形成了一定数量的公司制企业，而且从各方面盘活了农村的发展要素。黄峤乡的模式和做法值得我国西部地区的农村借鉴。

一、调查背景

（一）政策背景

《中共中央关于全面深化改革若干重大问题的决定》（以下简称《决定》）明确指出，在新时期，我国农业产业化发展和农村经济增长极培育的工作重点，是城市工商资本向农村“转移”和“转型”。《决定》强调说，今后我国农村经济发展的重点工作，一方面是建立新型农业经营体系，另一方面是“鼓励和引导工商资本到农村发展适合企业化经营的现代种养业，向农业输入现代生产要素和经营模式”。只有这样，才能逐步“形成以工促农、以城带乡、工农互惠、城乡一体的新型工农城乡关系，让广大农民平等参与现代化进程、共同分享现代化成果”。学习和领会以上中央《决定》的精神，主要是要把握好三个方面：一是建立新型农业经营体系的关键是对农村生产和经营组织进行公司化改造；二是城市工商资本向农村转移必须实体化；三是通过公司化盘活农村发展资源。

（二）现实可行性

中央之所以做出关于“工商资本到农村发展适合企业化经营的现代种养业”的决定，是基于对多方面因素的充分考虑，是对当前国内外资本流动趋势和规律变化进行充分认识基础上所做的科学决策，有充分的现实基础。

---

①该调查报告由李含琳、滕海峰、魏奋子共同完成，并发表于《开发研究》2014年第5期。

一是国际资本流动趋势的影响。2000年以来，世界上发达国家的投资空间在不断缩小，平均利润率在下降，20世纪90年代的国际“游资”又转变成国际“热钱”。根据国家有关统计资料，从2010年到2013年，每年从国外向我国流入的国际“热钱”达到500亿美元以上。

二是我国的内部资本也出现局部性、结构性的过剩现象，全国银行的“存差”，即存款大于贷款的余额越来越多。比如甘肃省，到2014年3月底，各种金融机构的存款余额达到12700亿元，而贷款余额只有不到9000亿元，存差有3700多亿元。城镇工商资本急于找到更加理想的资本空间。

三是我国农业产业化发展已经进入结构转型期，即以种植和养殖规模化阶段为主，开始向加工产业化阶段过渡。而这个新的阶段所需要新的发展要素，大多数西部地区的农村和农民是不能满足的，这需要大资本、高技术、现代管理经验以及企业家队伍。

四是近年来产能过剩的问题越来越严重，钢铁、煤炭、不锈钢、水泥、家用电器等出现比较严重的产能过剩问题，甘肃省也存在同样的问题。这就使得城镇工商资本在到处寻找新的投资项目和场所。与此同时，部分农产品，特别是随着城市人口的饮食习惯和饮食结构的变化，对于绿色无公害产品的需要量急速增加，牛羊肉的价格也在不断上升，养殖产业的利润增长有潜力。

五是完全依靠农村和农民自身的原始资本积累，来实现农产品加工产业化不是不行，而是时间太长、成本太高、代价太大。而城镇工商资本本身又大部分具有的资本充实、技术先进、管理现代、经营规范、市场应对能力强的优势正好可以解决这些难题。

（三）调查对象

在改革开放以来，甘肃省一贯坚持用新的理念和政策解决农业产业化和“富民兴陇”问题。特别是在2010以来，在省委和省政府的正确指导下，甘肃省各地都比较重视城镇工商资本投资农村建设和农业发展问题，已经出现了许多比较成功的典型事例。本课题选择甘肃省白银市平川区黄峤乡作为调查区域，重点是分析干旱贫困地区工商资本转型特色种养业的成功运作模式①。

1. 调查区概况

甘肃省白银市平川区黄峤乡位于平川区东南部约40公里处，是一个以农牧业为主的半山半川干旱山区乡。全乡现辖7个村，32个村民小组，共2530户，13041人，劳动年龄人口约4000多人。辖区总面积312平方公里，区内有大量的草山和草滩，其中南部草山面积比较大。耕地面积4.93万亩，人均3.78亩，其中水浇地0.67万亩，旱地4.26万亩，旱地面积占到全乡总耕地面积的86%。全乡土

①本调查所使用的情况和各种数据，都是调查所得的第一手资料。并且这些资料和情况都得到了当地乡政府的共识和认可。

地以压砂地为主[①]，发展条件极差，农民收入很低。2010年，农民人均纯收入只有3000元。

近年来，乡党委和乡政府在认真学习和研究我国其他地区农村产业发展和资源开发经验的基础上，坚定地把农场化、公司化、技术化作为全乡农业产业化的基本发展模式，通过“土地流转、规模经营、政府支持、公司运作、农户参与、合作共赢”的方式，在养殖项目、种植项目、基础设施等三个方面的深度改造，使得全乡的大型农场和种植园迅速成形，效益已经突显出来。现已建成多个大中型养殖公司。

调查发现，黄峤乡与农业相关的资源和产业发展优势主要有：一是人口少，人均资源比较丰富。黄峤乡的人口密度为41.8人/平方公里，仅河道、川地、川台地就有约18万亩的面积，未开垦的荒滩、撂荒地非常多；二是草山资源非常丰富，南部草山有近10万亩，有比较好的轮牧、休牧条件；三是农村产业搭配关系密切，可以形成小循环经济，即每年种植3万亩的地膜玉米，可以全部作为青贮饲料，每亩收入在2000元左右，另外还有大量的农作物秸秆可以作为粉碎型饲料；四是这个地方的农民有丰富的养羊、羊牛的历史和经验，发展养殖业的积极性很高；五是“煤老板”[②]转型“农场主”。这主要是近年来国家调整能源开发政策，加上能源价格的市场变动，导致许多“煤老板”或者其他老板开始转型投资农业产业，黄峤乡目前的大型农场型养殖公司多数是由“煤老板”转型而来的。

2. 调查方法

2013年8月18日—8月21日，调查组第一次深入黄峤乡进行调研，通过对大型农场和种植园的实地调查，与公司老板和当地政府领导座谈，对黄峤乡工商资本转型当地特色规模种养业的发展过程和来龙去脉有了较为清晰的认识。尽管在第一次调研过程中，多家企业正处于投资建设的起步阶段，但从企业家转型创业的激情和科学发展规划中能够看到公司制农场和公司制牧场发展的广阔前景。2014年6月9日—6月12日，课题组再次深入黄峤乡，对2012年以来投资建设的若干公司进行追踪调研，并围绕“工商资本转型投资规模化现代种养业”这一主题设计调查问卷和企业调查表，深入调查研究工商资本转型种养业的背景、出发点和动机、发展过程、担忧及期望等。希望通过黄峤乡的调研，总结出适应西部

①压砂地：西北地区农村特有的一种耕地，地表覆盖一层薄砂石，用于保墒，称为压砂地。

② 从历史上看，平川区是于1983年从原靖远县分离出来的一个以工业为主的县级区，煤炭、电力和陶瓷等工业比较发达，农业比较落后，贫困人口多，贫困比重大。改革开放以来，因为当地富裕起来的农村人员主要是依靠或围绕煤产业富起来的，所以，当地人就将这些开煤矿的新型企业家统称为“煤老板”。

地区农村发展的成功经验。

二、转型过程

（一）转型起步

1. 乡党委和乡政府全力以赴提供服务

一是向主要公司派驻专职协调员，主要负责公司与政府、公司与农民之间的利益关系协调工作；二是在公司流转土地，尤其是“三荒地”开发利用过程中提供服务；三是与公司一道联系甘肃农业大学、甘肃省畜牧产业局、甘肃省疾控中心等科研机构，获取专业技术支持；四是为企业创建提供注册、登记等“一站式”上门服务；五是培训农民，提高农民技能水平和企业就业能力。

2. 工商资本投资农业的动机

根据问卷调查，57.14%的企业以前从事过农业或农业相关产业。关于公司投资农业的动机，57.14%的公司发展农业，是为原有业务增添保障；28.57%的公司是基于朴素的农业、家乡情结；还有14.29%企业认为搞农业比其他产业可能更容易；14.29%的企业是为了获取国家政策支持。在公司选择所从事的领域的依据中，认为有前景的占71.43%，与别人合作的占28.57%。

3. 工商资本投资农业的发展方式

一是选择以养殖业为主要发展方向；二是以转型老板作为主体投资者；三是公司规模都比较大，实际经营面积在1000亩以上。根据问卷调查，在公司投资农业的具体方式中，属于龙头带动型的企业占57.14%、属于投资开发型的企业占42.86%[①]；在公司投资农业的出资形式中，采用合资和独资方式的各50%。社会工商资本投资农业的领域倾向情况为：选择农产品精深加工的企业占71.43%，农业生产性服务业的企业占14.29%。

4. 工商资本投资农业的技术创新能力

根据调查，农业公司的核心技术来源中，自主研发与产学研合作开发的企业均占42.86%；66.7%的农业公司没有专门的研发机构。在今后发展急需的人才中，技术人才占77.78%、销售人才与管理人才均占14.29%。近年企业培训主要集中在高层管理人员、新招聘人员（农民）。企业通过培训，希望达到的效果依次为：一是对应企业最急需解决的问题和困难，寻求专家咨询和方案；二是学习更多的理论知识，以后向更高层次发展；三是学到业务技能和操作实务，在工作中派上用场。目前企业需要的培训依次为：一是经营管理；二是技术应用；三是

① 本调查对三种不同类型公司制企业的界定内涵是，投资开发型：企业一般签订一个较长期的土地租赁合同，然后投资开发，周边农户到企业打工，属于老板与雇工的关系；龙头带动型：企业有少量基地，更多的是发动周边农户参与，企业提供种苗、技术并负责销售；联合开发型：公司出资金和技术，村里出土地，联办农业公司。

市场营销；四是生产管理。

5. 新型企业与农民的关系协调融洽

一是通过土地流转，农民得到流转收益，老板得到长期经营权；二是在本地就为农民拓宽了就业渠道，农民可以直接到公司就业，领工资；三是流转土地主要为“三荒地”，由企业修建水坝、喷灌、滴灌等设施，通过机械化规模作业；四是农民自留耕地大多为水浇地，基本用于满足自家蔬菜种植、粮食生产的需要。

（二）转型原则

黄峤乡的投资转型是从2011年开始的。工商资本转型投资特色化、规模化、技术化的现代种养业，始终坚持本地化、快速化、市场化原则。

一是本地化原则。调查的12家公司只有一家是来自浙江的招商资本，其余均为本地企业家。本地企业家主要为“煤老板”，就地转型为“农场主”“牧场主”。本地社会工商资本就地转型，具有社会成本低、社会基础好的优势。

二是快速化原则。转型企业大部分是2011年前后开始投资建设，多数于2012年、2013年分别建成投产，已初具规模。调查发现，当地企业家在投资建设过程中，日夜坚守工地，亲临建设现场，建设速度快、技术引进快、投产快、见效快，自己的事业自己亲手干。

表14-1　黄峤乡种养企业基本情况统计表（2014年6月）

企业名称	计划投资（万元）	已投资（万元）	成立日期	直接有关的人数（人）	流转土地（亩）
三鼎乳业	6721	5700	2012年	100	900
靖羊公司	5700	5700	2012年	80	500
顺宝养殖	2000	1660	2013年	120	50
北岩公司	2000	200	2014年	95	700
清贵公司	812	540	2012年	60	600
丰嘉晟公司	2850	2200	2014年	40	1900
正兴公司	300	300	2013年	60	100
繁瑞公司	2200	2200	2014年	80	500
得宝公司	4547	4000	2008年	35	120
宝顺公司	190	260	2009年	37	300
承翔公司	2000	2000	2012年	80	500
平祥公司	300	200	2013年	15	20
合计	36341	30660		902	7090

资料来源：根据当地调查资料整理所得。

三是市场化原则。工商资本的投资转型必须是具有发展潜力和市场效益的产业。在黄峤乡的农业企业中，以肉羊、种羊、奶牛、肉牛、生猪等特色养殖为主，紧跟市场中畜产品的需求特点，集中发展市场大、潜力大和收入高的产品。

四是规模化原则。通过养殖规模化、科技化，有效降低了单位产品生产成本。就目前已成规模的养殖户来看，户均养殖规模：肉羊在300只以上，商品猪在200头以上。规模比较大的公司有：得宝养殖公司生猪年出栏数10000头，靖羊公司种羊年出栏量20000只，三鼎乳业一期奶牛养殖量达到1000头。

三、转型模式和特点

黄峤乡工商资本转型投资现代种养业，主要是由煤矿企业老板转型公司化“牧场主”“农场主”，这种情况在甘肃省都是比较典型的，在西部也具有一定的典型意义，可称之为“黄峤模式”。

表14-2　主要调查企业工商资本转型前后情况对比

企业简称	法人代表	年龄（岁）	籍贯	转型前身份	转型后行业	经营类型
三鼎乳业	李兴谦	48	共和乡	煤老板	牧草种植、奶牛养殖	独资、私营
靖羊公司	吴得宝	30	双铺村	煤老板	种羊繁育	合资、私营
顺宝养殖	杨向林	53	焦口村	房地产开发商	肉羊养殖、休闲娱乐	合资、私营
北岩公司	王小强	34	浙江温州	服装制造商	肉羊养殖、肉羊繁殖	独资、私营
清贵公司	米清贵	42	双铺村	种植大户	文冠果、枸杞、牧草	独资、私营
丰嘉晟公司	冯得友	44	米湾村	煤老板	肉羊繁育、饲草种植	合资、私营
正兴公司	张明海	45	马饮水村	煤老板	肉羊饲养与销售	合资、私营
繁瑞公司	王国	46	马饮水村	煤老板	肉羊养殖	独资、私营
得宝公司	吴得宝	30	双铺村	煤老板	省级种猪繁育基地	合资、私营
宝顺公司	吴得宝	30	双铺村	煤老板	生猪养殖	独资、私营
承翔公司	张玉寿	30	马饮水村	煤老板	小尾寒羊养殖	合资、私营
平祥公司	王振平	36	焦口村	煤老板	肉羊养殖	独资、私营

资料来源：根据当地调查资料整理所得。

“黄峤模式”的运行要素：一是投资到位，投资者全权负责投资；二是土地流转规模大，农民得到流转收益，老板得到长期经营权；三是企农关系协调机制良好，农民可以直接到公司就业，干活领工资；四是“公司+农户”“公司+技术平台+良种繁育供给+成品回购”的运行机制已经建立；五是公司带动作用大，尤其是牧草产业发展迅速，效益也很好。

根据对黄峤乡12家重点企业的走访，“黄峤模式”具有以下特点：

一是“煤老板”转型“牧场主”“农场主”。75%的投资者在转型之前为煤老板或者从事过煤产业，由此积累了原始资本；一家投资者之前是房地产开发商，一家投资者一直从事种植业；一家属于对外地的招商引资，即来自浙江温州的服装制造商。

二是投资速度快、投资规模大。大部分企业是第一年投资建设，第二年就能投产运营。资金得到充分利用，资金周转周期短，没有投资浪费。目前12家主要农业公司已投资3.066亿元，共流转承包地7090亩，单位土地上的投资强度为4.32万元/亩。

三是投资建设的项目运营后产品市场广阔，市场竞争力强。转型企业从一开始投资建设，就通过规模化、科技化、市场化等途径，瞄准市场前沿，使得生产产品在品质上、成本上都具有一定的竞争力。

四是紧跟市场，“走一步看三步”。以三鼎乳业公司为例，该公司目前处于发展初期，主要从事奶牛养殖和繁殖，目前生产产品只向伊利乳业公司提供乳源；随着奶牛养殖规模的扩大和效益很好的现实，已计划拓建养殖场规模，再建设二期工程，养殖规模达到2000头，并延伸产业链，进行奶制品的深加工，丰富产品结构。

五是科技养殖。以靖羊公司为例，该公司的养羊技术来自甘肃农业大学，并聘请甘肃农业大学、甘肃省畜牧产业局、甘肃省疾控中心等科研机构的专家作为公司技术指导，在很大程度上提高了养羊效率和效益。企业的生产流程具有循环性，而且成为甘肃最大的种羊养殖企业。

六是以“三荒地”开发利用为主的土地流转模式。农业公司流转和占用的土地中，以“三荒地”为主，具有流转成本低、效率快的特点。黄峤乡近几年耕地流转成本为50～100元/亩年，其中水浇地面积小，基本没有流转，其流转成本为200元/亩年，旱地流转成本50～100元/亩年，“三荒地”流转成本20～50元/亩年。土地流转的合同期也比较长，一般在20年左右，稳定性比较好。

四、转型效果

（一）工商资本投资农业的新功能

白银市平川区黄峤乡的多个公司制农场和公司制牧场，投资数量巨大，技术层次高，发展势头强劲。虽然目前数量不多，但是投资规模很大，由过去的小农业变为现在的“大产业”，科技含量高、市场竞争力强，基本上“盘活”了这个区域的农村发展资源。

一是盘活了“三荒地”。黄峤乡全部耕地面积为15000亩，其中水浇地4500

亩，约占30%，其余为没有灌溉条件的“三荒地”[①]。过去农民对这类地持“可种可不种”的态度，而且收成完全取决于雨水状况，再加上近几年出门打工成本低、机会多，这类地被撂荒者居多。工商资本转型投资公司制农场、牧场主要占用的为“三荒地”，仅丰嘉晟现代农业科技开发有限公司一家企业就流转、开发“三荒地”1900亩，通过自主修建道路、安装喷灌或滴灌等水利设施、机械化种草、规模化养殖、绿化等措施使得原本最贫瘠的土地上生长出了绿油油的牧草，建成了一排排整齐的羊舍，栽植并成活了一行行的柳树、沙棘、枣树等，一毛不拔的土地成为现代农业的“金土地”。目前，黄峤乡通过流转和开发的土地单位收益，亩均年销售收入为3.43万元、平均纯利润为1.02万元。

二是盘活了劳动力。公司制牧场和公司制农场的发展，吸纳当地劳动力到公司就业，从原来的农民转变为公司职工，由务农变为到公司就业，成为工资性农民。通过公司或政府提供的技能培训，农民变为有技能的现代产业工人，提高了致富能力。仅丰嘉晟现代农业科技开发有限公司吸纳约40人到公司就业。调研的12家企业总计就业农民900余人，再加上间接为企业生产饲草和从事短期打工的人员，总计盘活劳动力2000余人，占全部劳动年龄人口的50%以上，全年在公司就业的农民年平均收入为2万～3万元。

三是盘活了市场。公司制农场、公司制牧场生产的产品紧跟市场需求，市场潜力大，并且由于科技含量高、规模大、单位成本低，产品在市场上具有一定的竞争力和话语权。同时，在当地公司之间也形成了良好的协作关系。除了大型公司制牧场自己建设自己的饲草基地外，还有许多农户开始搞专业饲草公司，供养殖企业所需。比如，清贵种植合作社计划种植面积5000亩，主要种植玉米、苜蓿和燕麦等，赚饲草的钱。

四是盘活了生态。黄峤乡原本是一个土地贫瘠、高寒阴湿、人口贫困的地区，干旱和“三荒地”是基本的土地面貌。但是，通过这几年的转型发展，许多地方都通水、通电和通路了。公司通过规模化的种植、现代化的浇灌、现代化收割等技术，使得原本荒芜的土地长出了绿色，减少了水土流失，增强了土壤水分的涵养能力，农业生态循环系统趋于改善。与此同时，在黄峤乡政府的引导下，这些公司坚持投资和经营的生态性，生态种植和生态养殖的特色非常明显。

（二）实际效果

调查发现，黄峤乡目前已经形成农户经营与大型农场融合发展、全乡统一科学布局规划、围绕大型公司带动全乡农业产业化发展的新格局。根据对甘肃省其

---

①黄峤乡所在地属于平川区西格拉滩（蒙古语音译，意思是没有人烟的地方），西格拉滩的面积有10万多亩，其中一部分面积属于共和乡。西格拉滩全为荒滩，平均海拔1800米，平均年降水量仅200～300毫米，且土地为压砂地。该类土地雨水易流失，难以保墒，多年以来这些土地基本上被弃不用。

他地方公司制养殖业的了解，黄峤乡这些公司经过一段发展，将成为白银市、甚至全省的先进公司化农场，农民收入将有大幅度的提高。截至2014年6月，重点调研的三鼎、靖羊、丰嘉晟等12家重点企业已投资3.06亿元，带动900余人从农业向现代种养企业职工转型，直接流转承包地7000余亩，间接开发“三荒地”2万多亩，是该乡总耕地面积的180%，而且还在继续开发。

由于规模化现代种养业的发展，农民转变种植结构，大约有50%以上的耕地种植地膜玉米，有10%的地种植饲草，同时经历了农民向职工的身份转变，增加了收入来源，提高了收入水平。2013年，全乡全年实现地区生产总值1.45亿元，招商引资到位资金达到1.7亿元。2013年，农民人均纯收入达到4898元，2014年预计农民收入将达到6000元以上，基本实现了比2010年翻一番的目标。其中，工资和饲草等间接收入总计约占农民收入的60%以上。

表14-3 主要企业工商资本转型后的生产经营基础和规模

企业名称	圈舍面积(平方米)	生产规模	
		计划	已完成
三鼎乳业	牛舍6栋15075平方米，运动场、遮阳棚、化验室等16430平方米	两期工程，总计养奶牛2000头，日产优质牛奶20吨	养牛400头，其中奶牛152头，日产牛奶4吨
靖羊公司	标准化羊舍22座37400平方米，饲料加工车间、草料棚等附属设施15300平方米	建成西北最大的优质肉羊繁育公司，年出栏量20000只	目前羊只存栏量7500只，电脑管理模式
顺宝养殖	集养殖和生态旅游为一体，已建成窑洞式羊舍3排66间；休闲娱乐场所6000平方米	肉羊3000～4000只，土鸡1000～1500只，肉兔500～1000只	分两期建成，目前已经建成一期工程
北岩公司	计划建设22米×52米标准羊舍10栋	肉羊3000～4000只	目前养殖300只
清贵公司	建成平川区最大的高效饲草种植区，全部实行喷灌和滴灌节水装置	文冠果1000亩、枸杞1000亩、苜蓿3000亩、燕麦1000亩	苜蓿1200亩，其他约1000亩
丰嘉晟公司	计划建设圈舍24栋31200平方米，饲料加工车间及饲料库360平方米	肉羊饲养1万只	目前养殖1000只
正兴公司	计划标准化羊舍12栋，现已建成6栋	肉羊养殖1万只	1100只
繁瑞公司	标准化猪舍28栋19048平方米，兽医室、饲料车间、消毒间等辅助用房2800平方米	年出栏10000头优质商品猪	目前存栏2000头
得宝公司	标准化猪舍20栋，约15000平方米，标准化羊舍10栋10000平方米	年生产商品猪5000头、肉羊2000只	猪存栏4200头，羊1800多只
宝顺公司	500亩机械化种植基地；12000平方米养殖基地；羊舍12栋	年出栏肉羊5000只	小尾寒羊500只
承翔公司	圈舍1600平方米，仓库及草棚160平方米	肉羊500～600	存栏200

资料来源：根据当地调查资料整理所得。

（三）预期效果

尽管目前单位土地上的投入产出效应不是特别明显，主要是因为大多数企业正处于发展的初期阶段，部分生产设备和圈舍尚没有投入使用。农业生产公司具有前期投入大、后期运行成本低的特点，经过一段时间后，这些农业公司的经济效益、社会效益和生态效益会更加明显。一是在规模养殖上，预计全乡肉羊养殖规模在2015年达到10万只，商品猪养殖规模达到5万头，将占据一定的区域市场份额；二是在农民增收上，年增长率达到15%以上，农民不用外出务工就可实现收入的五年倍增计划；三是在生态环境上，通过对三荒地的开发利用，水土流失得到有效遏制，农业生态系统逐渐优化，原来的荒滩渐成“绿洲”；四是在社会事业上，通过企业捐赠等途径，丰富当地文化事业，提高了农村社会的和谐程度。

五、启示和建议

（一）主要启示

黄峤乡工商资本投资公司制农场、公司制牧场，发展环境和发展基础具有典型性。三荒地多，干旱少雨，贫困且农民增收途径少，是黄峤乡的典型特点，这也是西北大多数干旱和半干旱贫困地区的共同特点。在这样的环境中，黄峤乡党委政府与本地社会工商资本所有者一道通过发展公司制农场和牧场，盘活了当地的荒滩、荒地、劳动力等资源，也盘活了当地的产业结构和生态循环系统，从而激活了当地经济的发展活力，使得区域内的各项事业在短期内发生了翻天覆地的变化。课题组曾经在甘肃省的定西、张掖等地区的调查过程中发现，养殖规模达到500只以上的企业规模已算规模养殖小区，但远不及黄峤乡的养殖企业规模。黄峤乡养殖企业在规模、科技应用、市场占有率等方面不仅在全省范围内有影响，而且将来能够在西部具有一定的影响力，其成功经验在类似地区具有一定的借鉴意义。

（二）存在问题

调查发现，尽管黄峤乡在工商资本转型投资公司制农场、公司制牧场过程中，当地政府提供了各种各样的支持和服务，但并没有形成系统、高效的配套政策。根据企业调查问卷，调查企业对目前的经营隐忧依次为：一是金融服务滞后；二是国家惠农政策落实不到位；三是农民的契约意识和法治观念不强；四是普通劳动力不足；五是农业基础设施薄弱。关于社会资本投资农业的预期调查中，对农村土地政策的预期依次为：一是完善土地产权制度，保持农村土地承包关系长久不变；二是完善土地流转制度，减少土地流转过程中的各种纠纷；三是完善基本农田集中连片地区现代农业附属设施建设用地使用办法。关于对农村金融政策的预期依次为：土地承包经营权可抵押融资，大型农业基础设施可抵押融资。关于对企业的经营管理的期望依次为：农村“三荒地”使用应优先考虑转型企业，国家对农村转型企业要有特殊扶持政策，国家应对工业品价格与农产品价格区别对待等。

（三）对策措施

根据对黄峤乡等地区的调查了解，要将工商资本转型投资农村现代种养业的事业迅速做起来，必须在以下方面解决好：一是西部地方党委和政府要高度重视这个问题，将转型投资作为解决“三农问题”和提高农业产业化水平的主要手段；二是工商资本转型投资农村现代种养业是党的十八届三中全会做出的重大战略决策，在适合发展规模种养业的地区，政府相关部门需要通过调查研究，制定相应的建设规划，有序指导这项工作；三是努力解决好农村的基础设施条件，特别是道路、供水、供电等问题，基础设施条件差是西部农村共同的发展难题；四是建议设立国家级、省级工商资本投资农村规模化现代种养业的实验和示范基地，用基地带动全面发展；五是地方党委和政府在推进这项工作的时候，一定要突出重点区域、重点企业、重点产业，坚持以开发“三荒地”为主、以扶持龙头企业为主、以市场导向为主的原则；六是把握好转型投资的大方向，通过工商资本的转型投资行为，盘活和带动整体农村和农业的发展，促进职业农民的生成。

（四）政策建议

一是投入激励政策。完善配套资金，鼓励城市工商资本转型种养业。目前，甘肃省有关方面已经制定了关于支持城镇工商资本向农业发展、农村非公有制经济发展的政策，都提出了“专项资金”的政策。但是，考虑县乡两级财政十分有限，适宜在市级、县级财政预算中设立专项奖励资金，将“生产基金”转变成“奖励基金”，对从事农业发展的优秀企业家、重点企业、著名品牌、纳税大户等进行直接现金奖励。

二是金融扶持政策。完善土地承包经营权可抵押融资的相关制度。调查发现，黄峤乡已经实现转型投资的公司中，都面临在投入方面的“单打独斗”的局面，公司初期的全部投资都是这些“煤老板”过去积累的资金，通过前期的投入基本花得差不多了，今后的扩大发展急需解决银行贷款政策的扶持问题。建议国家针对工商资本投资农村现代种养业的问题，专门研究和制定金融扶持政策。

三是公共设施政策。建议政府在贫困农村的供地、供电、供水、供暖、交通等基础设施建设方面，向重点产业、龙头企业、计划上市公司倾斜，这对于转型投资的发展非常重要。在当前，最为关键的是要处理好城镇工商资本投资农村和农业发展所需要的基本土地供给问题，将农村的土地流转重点向这些企业倾斜。尤其关键的是，政府在农村三荒地开发利用上应给予优惠政策，有助于集中连片盘活三荒地，提高土地的产出效益。

四是市场准入政策。建议将注册资本“实缴登记制”改为“认缴登记制”，将“先证后照”改为“先照后证”，实行先生产经营后补办手续的政策。允许以高新技术成果、知识产权、土地使用权、宅基地、股权等作价出资兴办公司，其比例不受70%的限制。同时，在优质种畜、饲草、技术的招商引资和进口方面给转型企业提供服务和方便。

五是经营纳税政策。考虑到工商资本投资农村现代种养业的战略意义重大，即可以通过这种方式真正实现农村经济结构的优化、建立新型农业经营体系、培育新型职业农民、实现农民快速增收等，建议对这类发展项目实现低税政策，并且区别对待。即对与良种繁育相关的种养项目实行免税，对其他项目实行减免政策，对改造荒山和修复生态的项目也实行免税等。

第十五章　民族地区工商资本投资现代农村规模种养业的途径与效果

——临夏州调查①

甘肃省临夏回族自治州（以下简称“临夏州”）在过去是一个典型的资源贫乏、高寒阴湿、经济滞后的少数民族聚居地区，现在则是一个成功实现工商资本向农村转移，投资创办涉农龙头企业、推动形成养殖业全产业链、带动农民增收致富的典型。临夏州以涉农龙头企业为引领，推动规模化、现代化、技术化和市场化现代养殖业发展，快速形成了“种植—养殖—加工—销售”的产业链条和经营模式，在这种模式的带动下，从各方面盘活了农村的发展要素，增强了发展动力和创造活力。

一、选题背景

（一）政策背景

党的十八届三中全会做出的《中共中央关于全面深化改革若干重大问题的决定》（以下简称《决定》）明确指出，在新时期，我国农业产业化发展和农村经济增长极培育的工作重点，是城市工商资本向农村“转移”和“转型”。《决定》强调说，今后我国农村经济发展的重点工作，一方面是建立新型农业经营体系，另一方面是“鼓励和引导工商资本到农村发展适合企业化经营的现代种养业，向农业输入现代生产要素和经营模式”。只有这样，才能逐步“形成以工促农、以城带乡、工农互惠、城乡一体的新型工农城乡关系，让广大农民平等参与现代化进程、共同分享现代化成果”。学习和领会以上中央《决定》的精神，主要是要把握好三个方面：一是建立新型农业经营体系的关键是对农村生产和经营组织进行公司化改造；二是城市工商资本向农村转移必须实体化；三是通过公司化盘活农村发展资源。

（二）现实可行性

中央之所以做出关于“工商资本到农村发展适合企业化经营的现代种养业”

①该调查报告由李含琳、滕海峰、魏奋子共同完成，并发表于《甘肃理论学刊》2015年第3期。

的决定，是基于对多方面因素的充分考虑，是对当前国内外资本流动趋势和规律变化进行充分认识基础上所做的科学决策。

其一，国际资本流动趋势的影响。2000年以来，世界上发达国家的投资空间在不断缩小，平均利润率在下降，20世纪90年代的国际“游资”又转变成国际“热钱”。根据国家有关统计资料，从2010年到2013年，每年从国外向我国流入的国际“热钱”达到500亿美元以上。

其二，我国的内部资本也出现局部性、结构性的过剩现象，全国银行的“存差”，即存款大于贷款的余额越来越多。比如甘肃省，到2014年3月底，各种金融机构的存款余额达到12700亿元，而贷款余额只有不到9000亿元，存差有3700多亿元。城镇工商资本急于找到更加理想的投资空间。

其三，我国农业产业化发展已经进入结构转型期，即以种植和养殖规模化阶段为主，开始向加工产业化阶段过渡。而这个新的阶段所需要新的发展要素，大多数西部地区的农村和农民是不能满足的，这需要大资本、高技术、现代管理经验以及企业家队伍。

其四，近年来产能过剩的问题越来越严重，钢铁、煤炭、不锈钢、水泥、家用电器等出现比较严重的产能过剩问题，民族地区也存在同样的问题，城市资本过剩问题比较严重。与此同时，部分农产品，特别是随着城市人口的饮食习惯和饮食结构的变化，对于绿色无公害产品的需要量急速增加，牛羊肉的价格也在不断上升，养殖产业的利润增长有潜力。

其五，完全依靠农村和农民自身的原始资本积累，来实现农产品加工产业化不是不行，而是时间太长、成本太高、代价太大。而城镇工商资本本身又大部分具有的资本充实、技术先进、管理现代、经营规范、市场应对能力强的优势，正好可以解决这些难题。

（三） 调研过程

1. 区域选择

本调查选择临夏州作为调查区域①，原因有四：一是甘肃省临夏回族自治州是全国两个回族自治州之一，是典型的回族聚居区；二是临夏州也是西部最为典型的贫困人口集中地区；三是临夏州具有良好的养殖业传统和饲草条件，而且当地党委政府高度重视农牧业发展，长期实施“产业富民、农牧稳州”战略；四是在现代养殖业发展过程中，工商资本转型投资起到了至关重要的主导作用。

2. 调查方法

2013年11月23—25日，调研组第一次深入临夏州进行调研，通过对康美集团、八坊清河源公司、圣泽源集团等涉农公司的实地调查，与公司老板和当地政

①本调查所使用的情况和各种数据，都是调查所得的第一手资料。并且这些资料和情况都得到了当地政府和企业的共识和认可。

府领导座谈。2014年6月24日—27日，调研组再次深入临夏州8个县市，对已经建成、成功运营多年的公司以及近年投资建设的45家企业或合作社进行追踪调研，并围绕“工商资本转型投资规模化现代种养业”这一主题设计调查问卷和企业调查表，深入调查研究工商资本转型投资农村现代养殖业的背景、出发点和动机、发展过程、担忧及期望等。希望通过对临夏州的深度调研，总结出适应西部民族地区的模式和经验。

二、调查区概况及转型条件

（一）区域概况

1. 调查区总体概况

临夏州土地面积8169平方公里，耕地216万亩，荒地285万亩，林地252.8万亩，水域面积108.6万亩。全州辖七县一市，45个镇、79个乡、6个街道办事处，人口城镇化率为26.69%。2012年总人口为207万人，城镇人口41万人，农村人口166万人。现有回、汉、保安、撒拉、藏等31个民族，少数民族人口占总人口的59.2%；信仰伊斯兰教的少数民族占总人口的57%。

2. 贫困程度深

全州贫困人口达90.02万人，占全省的11%，贫困面达52.04%；8县市中除临夏市外均为国家扶贫开发重点县，124个乡镇中的103个为扶贫开发重点乡镇，1150个行政村中的753个为扶贫开发重点村。正常年景返贫率15%，灾害年景返贫率45%，在90万贫困人口中少数民族有60万，是贫困中的特贫，困难中的特困。生活生产条件极差，全州共有耕地216万亩，85%以上分布于干旱半干旱区和高寒阴湿区，人均耕地仅为1.25亩。

3. 居民收入低

2013年，农民人均纯收入3626元，相当于全省的72%、全国的40%，居全省13位、全国30个少数民族自治州27位；城镇居民人均可支配收入仅为12617元，相当于全省的65.7%、全国的46.5%，居全省14位、全国少数民族自治州30位。劳动者素质低，全州人均受教育年限仅为6.62年，与全国全省分别相差2.88年、1.55年，农村人口中高中以上文化程度的不足5%，小学以下文化程度的高达40%。

（二）转型条件

1. 养殖历史悠久

临夏历史上就是西北养殖牛羊的重点地区之一，有着丰富的养殖历史和经验，当地到处盛传着“无牛羊不成家”的俗语，在临夏各个城镇的大街小巷中，到处张贴这样的宣传标语：“家养几头牛，花钱不用愁；家养十头牛，盖起小洋楼；家养一群牛，奔向小康不发愁。”

2.饲草资源丰富

天然草原面积有415.96万亩，占土地总面积的33.52%，其中可利用面积369.78万亩，占草原面积的94.35%。现有草原年产鲜草39.06万亩，亩产鲜草101公斤。全州人工种草面积累计达到59.67万亩，亩均产干草982.7公斤，年产干草总量58.64万吨，还有大量的玉米秸秆。全州现有永久性青贮窖池96万立方米，年均秸秆饲料化利用量128.25万吨，其中青贮60万吨。草产品33.25万吨，玉米秸秆饲料化利用率57%。

3.品牌优势独特

临夏州处于农耕区与草原牧区相连接的半干旱生态过渡带，这里生长的牛羊独具特色，饲草全都是纯天然的，主要有冬虫夏草、雪莲花、藏红花、红景天等多种中草药，这里生产的牛羊肉质量上乘，富含钙铁等矿物质和人体必需的氨基酸，是人们肉类食用之佳品。

4.牛羊交易盛行

临夏州历史上就是商贸聚集区，从西汉古丝绸之路的“河湟雄镇”到改革开放初期的“河州模式”，民间商贸流通业非常发达，尤其是临夏与藏区之间的牛羊牲畜交易量巨大，每年的牛羊交易量达几十万头（只），是西北地区最大的藏牦牛、藏绵羊、架子牛、架子羊、肉羊肉牛交易集散中心。

（三）政府高度重视

近年来，临夏州委、州政府深入实施“农牧稳州”战略，坚持把畜牧产业作为重要的富民产业加以培育，做大基地、做强龙头、做亮品牌，采取一系列有力有效的举措。一是编制了一系列相关规划和政策规定；二是大力度实行奖励措施，如良种母牛补贴、贴息贷款、以奖代补等；三是科技扶持措施到位，如与大学和科研机构合作、实施科技特派员工程、选派业务骨干到龙头企业驻点，提供产前、产中、产后全程服务；四是创新金融服务，建立扶贫融资模式，创建担保公司，发展中和农信农户自立服务社等。

（四）转型的初步效果

1.公司化效果

截至2014年6月，全州相继建成了清真牛羊肉、乳制品、熟食品、骨头加工、皮革及毛纺加工等企业63个，其中国家和省级龙头企业有9家。全州规模养殖场发展到1196个，规模养殖户3.56万户，规模养殖饲养量占全州的53.2%。建成了4个部级标准化养殖示范场，19个省级示范场，115个州级示范场。全州现有畜牧行业协会14个，专业合作组织87个，农民组织化程度提高比较快。

2.品种优势

如今，临夏州的牛羊品种全部实现了良种化，许多品种都是从国外进口的优良品种。牛类品种主要有西门塔尔牛、秦川牛、荷斯坦牛、南德温牛、德国黄牛和利木赞牛，羊类主要有小尾寒羊、高山细毛羊、优质山羊等。到2013年底，全州牛存栏38.04万头、羊存栏207.7万只，近几年年均牛羊出栏量达到210万头(只)，农民人均纯收入由2010年的2375元增加到2013年的3636元。养殖业创造的产值已经占到当地GDP的40%以上，养殖业收入已经占到农民收入的1/3以上①。

3.市场销售

目前，临夏生产的清真牛羊肉在国内供不应求，远销青海、西藏、北京、唐山、杭州、广州等地区，在我国中东部省会城市的肉食品超市和卖场中都有临夏牛羊肉供应。此外，临夏的牛羊肉也开始向中亚和地中海伊斯兰国家大量出口。其中，东乡县是养羊大县，“东乡手抓羊肉”还跻身全国地理标志证明商标。

三、转型原则和过程

（一）转型起步

1.资本积累

临夏州的工商资本原始积累过程多种多样，主要有：小商品贩运、生畜交易、交通运输、建筑工程、中药材贩运、规模养殖、清真餐饮业、房地产开发和硅铁冶炼等。根据调查，大多数养殖公司的起步资本是通过商贸途径积累起来的。

2.行业选择

工商资本选择投资农村现代养殖业，是一个在众多投资行业和项目中综合比较和权衡的结果。问卷调查统计结果显示，57.14%的公司发展养殖业，是为原有业务增添保障，28.57%的公司是基于朴素的农业、家乡情结，还有14.29%企业认为搞养殖比其他产业可能更容易，14.29%的企业是为了获取国家政策支持，有71.43%的人认为通过公司化搞养殖业市场空间比较大。

3.企业协作

优势互补和组团发展是提高产业市场竞争力的根本手段。调查发现，现在的临夏州规模养殖公司的经营模式不仅有大量的“公司+农户”，还有“公司+公司”“公司+市场”“公司+大学”“公司+科研机构”和“公司+国际贸易”等多个模式，市场化程度更高、更规范。

①调查中发现，2013年临夏州养殖业产值占GDP比重已超过40%，但在统计年鉴中该比重仅为10.54%。原因在于：养殖业中的饲草料种植、肉牛、肉羊育肥产值纳入农业统计，牛羊肉屠宰、分割、加工产值纳入工业统计，牛羊生畜交易、产品销售作为社会服务业纳入第三产业统计，也就是说，养殖业上、中、下游不同产业链环节的产值分别统计在第一产业、第二产业、第三产业产值之中，不能全面真实反映养殖业发展整体情况。

4. 市场运作

市场是生产和发展的前提条件。临夏州在草食养殖业发展上把市场建设作为生产和发展的前提条件，不断培育发展市场。一是规划建设了一批畜禽交易市场；二是创办了一批有规模的畜产品物流公司；三是各个公司基本上都建立了自己的加工和销售体系，普遍建立了深加工、餐饮连锁、熟肉制品销售、冷鲜肉终端市场的产业链条；四是注重开发品牌，多数企业的产品已经通过了国家质量管理和食品安全管理体系认证；五是与国内著名企业“联姻”，与康师傅、双汇、雨润等集团建立了良好的供货合作关系。

5. 协会组织

龙头企业不可能直接面对千千万万的农户，一个个农户也不可能获得与龙头企业平等市场主体的地位，两者必须通过中介组织来连接，这个中介组织就是目前正在新起的农民专业合作经济组织，包括协会和农民专业合作组织。临夏州现有畜牧行业协会14个，专业合作组织87个，行业发展行为逐步规范。

（二）转型原则

1. 本地化原则

此次调查的46家企业的负责人中，95%以上都是临夏本地人，只有少数是来自甘肃其他市县的人。本地企业家就地从城市到农村，进行转型投资，从事现代规模养殖业，具有社会成本低、人文基础好、融入机会多等优势。

2. 市场化原则

工商资本转型投资，其出发点和落脚点仍然是盈利，瞄准的行业必然是具有发展潜力和市场效益的行业。调查发现，这些公司共同性的做法：一是紧跟市场行情和城市居民的需求变化，以肉羊、种羊和奶牛等特色养殖产品为主。二是稳固已有市场，开拓国内外市场。目前临夏州是进入藏区市场的重要集散地，也是牛羊肉的主要供应地。三是注重规模化生产，有效降低成本。比如八坊清河源公司已形成年屠宰牛10万头、羊8万只，生产牛羊肉1.5万吨的水平，冷库容量达到6万吨；康美集团公司现有年屠宰肉牛10万头、肉羊20万只的现代化屠宰线和年产3000吨熟食生产线各一条。

3. 科技化原则

临夏州的康乐县目前已经形成了四级养殖技术服务网络，即“首席专家+县级科技特派员+乡镇技术员+村级畜牧兽医技术员服务”，形成质量控制、繁育、饲料、销售等全产业链管理服务体系。不断深化校地、院企合作，引进肉牛三元杂交、胚胎移植、牛肉熟食品加工等多项高新技术。这些年以来，全州共选派78名科技特派员、14名业务骨干、180名动物防疫技术员长期进驻龙头企业、养殖小区和养殖大户开展全程技术服务。

（三）转型过程

1. 土地流转

工商资本向农村转移投资面临的第一个问题就是土地空间，规模养殖需要大量的土地。为此，从2010年起临夏州将加快土地流转作为扶持资本转移的主要措施，协调关系，合理确定流转价格，支持农民向工资性农民、职业农民转变，先后流转土地10多万亩，为这些公司提供了很好的土地保障。

2. 饲草基地

规模养殖必须解决好饲草和饲料问题，饲料可以通过市场基本得到保证，而大部分饲草必须靠就地生产和提供。临夏解决这个问题的方法有：一是改变种植业结构，大力推广种植饲用玉米；二是大量在山区种植紫花苜蓿；三是建设规范的全株青贮池；四是在省内外建立饲料和饲草生产供给基地；五是建立饲草保障体系，饲草种植也搞“订单农业”。

3. 育肥基地

现代化的大型牛羊肉加工生产线必须要有相应的质量与数量双重保证的牛羊牲畜供给来源。这些年来临夏州坚持标准化设计、规范化建设、制度化管理、精准化养殖、科学化防疫、无害化处理的“六化”标准，按照“规模养殖场带头示范、中小型育肥场齐头发展、广大农户积极参与”的养殖模式，扶持发展育肥基地，迅速形成了“千家万户繁育、集中规模育肥、专业屠宰加工、冷链网络销售”的产业发展格局。不仅如此，有的县还在外地实施“转型投资”。比如，康乐县在州外已经建设养殖基地35个。

4. 技术服务

通过这些年的发展，临夏州肉牛和肉羊产业的技术服务体系已经成形，这个体系主要包括：一是与大学和研究机构建立牢固的技术协作关系，多数企业都签订了框架合作协议；二是围绕主导产业提升技术服务能力，集中发展良种母牛和肉羊繁育技术、饲草料种植加工技术、育肥饲养管理技术、肉产品加工技术、副产品高科技研发技术等；三是各个企业非常重视自己的技术队伍建设，采取多种措施提高从业人员的技能；四是建立牲畜疾病预防和防治机制；五是开发新产品、新技术。

5. 农企双赢

通过土地流转，农民不仅得到了流转收益，而且大多数可以进企业当工人，就地为农民拓宽了增加工资收入的就业渠道。老板则得到了土地的长期经营权，用土地搞开发，赚取其他的收入。根据调查，近年来临夏州的土地流转费用大致是：粮食种植300元/亩，药材种植400元/亩，苗木栽培500元/亩，饲草种植600元/亩。如果农户种植饲用玉米，平均亩收入在1600元以上。

6. 金融支持

资金短缺是贫困地区实现农业产业化经营、促进产业化扶贫的主要瓶颈。临夏州通过创新金融支持模式，有力地推动了全州畜牧业的发展。例如，康乐县在2009年成立了注册资金4070万元、股份制运作、现代化管理的金牛资产担保公司，专门为养殖企业提供贷款担保，贷款数额在10万～100万元，近五年来已经累计为450个养殖企业担保贷款2.6亿多元，有效缓解了资金短缺的难题。

四、转型现状和效果评价

（一）转型企业基本情况

1. 调查企业分布

此次调研，共计走访了45家企业。其中，临夏市调研了10家企业，临夏县调研了6家企业（或合作社），积石山县调研了7家企业，和政县调研了3家企业，康乐县调研了6家企业，广河县调研了2家合作社，东乡县调研了5家企业，永靖县调研了6家企业。

2. 法人代表的基本情况

从工商资本法人代表的年龄构成来看，45家企业法人代表的平均年龄为43.48岁，最大的70岁，最小的32岁。从工商资本法人代表的民族构成来看，45家企业法人代表中，回族16人，占35.56%；保安族1人，占2.22%；东乡族5人，占11.11%；汉族23人，占51.11%。

3. 转型前后的行业对比

从工商资本转型前后的行业分布来看，在转型之前所从事的行业分布情况为：商贸流通业6家、小规模养殖业12家、餐饮业5家、屠宰企业1家、农药销售1家、建筑建材及房地产9家、硅铁冶炼公司3家、传统农民8家。而转型后基本都从事养殖业。其中，肉牛养殖的企业17家、肉羊养殖的企业9家、肉羊肉牛综合养殖的12家、生猪养殖企业4家、禽类养殖业2家、单纯畜产品屠宰加工1家，分别占所有调研企业的37.78%、20%、26.67%、8.89%、4.44%和2.22%。

（二）转型效果评价

1. 转型后的投资规模

45家企业计划总投资28.99亿元，实际已投资总计17.47亿元，平均单个企业计划投资6443万元，实际已投资383万元。实际投资规模最大的为康美集团，目前已投资2.01亿元，其次为八坊清河源公司，目前已投资1.65亿元，均以形成了肉牛繁育、育肥、屠宰、加工、销售一体化的综合企业。投资规模最小的为积石县的马玉民养殖场，实际已投资78.7万元。

2. 转型后的经营类型

在45家工商资本转型投资的现代养殖企业中，独资独营的企业有31家，占

68.89%；合资合营的企业12家，占26.67%；合资独营的企业1家，占2.22%；独资合营的企业1家，占2.22%。

3.转型后的经济效益

45家工商资本转型投资的现代养殖企业的主要产品有：冷冻生鲜肉、牛羊肉熟食品、冷冻分割肉、生鲜猪肉、鲜奶、肉羊、珍禽、土鸡及珍禽蛋等，年销售收入14.01亿元，单个企业年平均销售收入3258万元。

4.转型后的社会效益

对工商资本转型投资农村现代种养业的社会效益分析，主要看增加就业、提高收入和促进土地流转的能力。就业主要看吸纳农村剩余劳动力的多少，如何将传统农民转变为新型职业农民，以及整合流转农村土地以提高土地经济效益。45家企业直接吸纳就业人数3172人，平均每个企业吸纳70人，基本上都是当地的农民。45家企业共整合流转土地10264亩，平均每个企业流转土地228亩。

（三）转型单位的经营特点

1.建立“公司+基地+协会+农户”的市场化运作模式

所谓“公司+基地+协会+农户”的市场化运作模式，是指龙头企业、养殖基地、协会与农户签订产销合同，使企业与农户建立稳定的利益共同体。在龙头企业的带动下，使得生产过程更为科学、安全和规范。以康美集团为核心的龙头企业带动发展重点村36个，规模养殖户6600多户，仅全年育肥屠宰肉牛数量达到5万头以上。

2.打造全产业链体系，将肉牛肉羊产业向精、高、深领域延伸

目前，临夏州已经建成国家级和省级农业产业化重点龙头企业9家，其中清河源公司规模最大。目前，这个公司除形成规模化加工和冷藏能力外，品牌战略也已经取得成效。该公司已经是国家和甘肃省定点清真牛羊肉收储代储库，“八坊清河源”牌牦牛肉、牦牛腱、手抓羊排3项产品分别获得由国家农业部主办的第七、九、十届中国国际农产品交易会金奖，5项产品获得国家和甘肃省各类奖项。

3.大力发展循环经济，实现“牛电”上网

位于和政县新营乡闫菜坪村的甘肃云发现代农业示范园区，通过“养牛—沼气—发电—沼肥—种植”的循环模式，实现畜牧养殖、新能源开发、特色种植、粪污处理等综合发展。园区自2010年建设以来，现已建成育肥牛舍34栋，存栏肉牛1200多头；投资508万元的沼气发电项目已并网发电，建成120千瓦沼气发电机组2台，年产沼渣有机肥2.5万吨。

4.异地养殖办公司，把优势产业向外延伸

由于广河、东乡、康乐县等地的土地资源和饲草资源有限，所以，近年来他们大搞“外向投资”和技术输出，在甘肃省的河西走廊地区异地创办养殖公司。

据初步统计，临夏人在河西走廊地区从事养殖、屠宰、羊毛、畜皮、畜副产品收购贩运的情况：武威市200多家4500多人，民勤县200多家3500多人，张掖市200多家2000多人，肃州区200多家6000多人，玉门镇250多家3000多人。其中，东乡县有300多家，养羊8万多只。

5. 大型企业引领行业标准

临夏州的牦牛业主要是进行牦牛育肥和干酪素（固体奶）加工。临夏州毗邻青藏高原，草原牧区牦牛放养区除为临夏州提供了可供育肥的架子牛及可直接屠宰的肥牛之外，还为临夏3家加工企业提供了大量的干酪素加工原料曲拉（牦牛奶）。临夏州每年育肥牦牛约3万头，直接屠宰8～10万头。另外，利用曲拉加工干酪素的企业，在条件许可的情况下，可用鲜牛奶生产更高级的食用级干酪素。由于生产技术在全国领先，目前，已经由国务院有关部门批准，由临夏相关企业来制定了干酪素的行业标准。

五、对“临夏模式”的概括总结

（一）模式概括

临夏州工商资本到农村转型投资现代种养业，已基本形成“牛羊品种改良—饲草料基地—牛羊育肥基地—牛羊肉加工—新产品研发—产品销售体系”这样一个完整的全产业链。这在西北民族地区比较典型，也具有一定的典型意义，可称之为“临夏模式”。

（二）构成要素

“临夏模式”的运行要素：一是私人投资到位，基本没有政府投资；二是土地流转规模大，流转周期长；三是“公司+农户”协调机制良好，农民多数变成工资性就业者，农民收入主要包括工资收入、订单牛羊收入、饲草收入三部分；四是“公司+技术平台+良种繁育供给+成品回购+深加工”的运行机制已经建立；五是公司带动作用大，主要体现在种植和养殖结构的优化上，农村经济的产业化水平大幅度提高；六是产品加工程度深，通过高科技应用，不仅仅加工肉制品，更对牛羊的骨头、血、皮、毛等进行了全方位加工利用，极大地增加了单位牛或羊的附加值；七是市场拓展力度大，产品市场不仅在省内，更是面向国内外广阔市场；八是全程运转和管理实现契约化。

（三）主要启示

临夏州工商资本投资农村规模化现代种养业，发展环境和发展基础具有典型性。少数民族聚居、工业经济发展滞后、农村经济结构简单，农村居民生活贫困，是临夏州的典型特点，这也是西北大多数民族地区的共同特点。在这样的环境中，临夏州党委和政府与本地社会工商资本所有者一道，通过发展农村规模化现代养殖业，盘活了当地的土地、养殖技术、养殖经验、劳动力、市场贸易等资源，也优化了当地的产业结构，从而激活了当地经济的发展动力和创造活力，使得区域内的各项事业在短期内发生了翻天覆地的变化。临夏州的养殖企业、加工企业、商贸交易企业在生产规模、科技应用、市场占有率等方面不仅在全省范围内有影响，而且将来能够在西部具有一定的影响力，其成功经验在类似地区具有一定的借鉴意义。

六、工商资本投资农村现代种养业的新功能

临夏州的多家大型涉农养殖企业，投资数量巨大，技术层次高，发展势头强劲。虽然目前仍然处在起步阶段，企业数量不多，但投资规模较大，由过去的小农业变为现在的“大产业”，由过去的小企业变为现在具有区域特色的全产业链，涉及面广、带动性强、竞争力强，基本上“盘活”了这个区域的发展资源，体现出了新的功能。

（一）盘活了土地资源

临夏州耕地面积216.31万亩，农民人均耕地1.25亩，分为川塬、山阴、干旱三类地区，大体各占1/3。近年来，在龙头企业的带动下，耕地产出或耕地流转收益均有很大提高。主要表现：一是土地流转费用高于传统作物产出。全州用于养殖业的流转面积占农村土地流转总面积的8%，其中，临夏市用于养殖业面积占流转面积比重比较高，占20.6%。川塬区流转费用为800～1200元/亩年，山区为300～500元/亩年，流转期限10～15年不等。二是与龙头企业签订合同，种植饲草收益高、有保障。农户种植饲用玉米亩收入1000元以上，比种其他农作物多收入400～600元，户均增收1000元以上。

（二）盘活了养殖经验

临夏州地处黄土高原与青藏高原、中原农区向西部牧区的过渡地带，各族群众素有养殖的传统和经验，饲草资源丰富，发展畜牧产业条件得天独厚。在过去小农经济条件下，“无牛无羊不成家”的传统主要体现在家家户户都养羊养牛，但是规模极小，低水平地支撑着一家生计。在龙头企业推动的现代养殖业背景下，农户养牛养羊的积极性空前高涨，养殖规模不断扩大，从过去养牛1～2头到现在的5～10头牛的养殖户不断增加，还有部分养殖大户存栏数达到20～50头，经济效益明显提升，主要是得益于与龙头企业签订的收购合同、政府与企业提供的技术服务，在政府与企业的双重帮助下，养殖传统变成了致富经验。

（三）盘活了人力资源

临夏州在我国西北地区属于少数民族地区中人口与土地关系最为紧张的地区之一，全州人均耕地只有1.25亩，人地矛盾十分突出。大型龙头企业的发展，一方面，吸纳当地劳动力到公司就业，从原来的农民转变为公司职工。另一方面，又大幅度提高了土地的产出效率。仅八坊清河源公司常年直接就业人数200人，

间接或间歇性就业人数约2500人，其中，普通劳动力月工资为2000～2500元。这些年以来，为了配合工商资本向农村投资，政府通过各种途径，大力增加对农民技能培训的投资，努力把农民变为有技能的现代产业工人，提高了劳动效率和致富能力。不仅如此，2012年，临夏州在中国西部民族地区第一个实行了全州“12年义务教育”制度。

（四）盘活了经营能量

大型龙头企业生产的产品紧跟市场需求，市场潜力大，并且由于科技含量高、规模大、单位成本低，产品在市场上具有一定的竞争力和话语权。一是饲草合作。大型公司除自己建设的饲草基地外，还有许多农户开始搞专业饲草公司，供养殖企业所需。二是养殖合作。部分养殖企业仅负责肉牛养殖，育肥之后卖给大型加工企业屠宰、分割、加工和销售。比如，信康肉牛育肥公司是康乐县肉牛存栏最多、青贮饲草料储量最大的养殖企业，还是全省饲草料和肉牛品质实验示范点公司，自投产运营以来，累计出栏优质育肥牛上万头，全部交售给康美公司进行生产加工。三是销售合作。临夏州现在在临夏市和各县、重点镇、交通要道处都有专门的记忆市场。

（五）盘活了市场活力

市场是生产和发展的前提条件。在龙头企业带动下，坚持市场化运作，不断培育发展市场，种养殖—加工—销售各个环节的市场活力逐渐被激发出来。比如，康乐县肉牛交易暨冷链物流中心已建成投入运营，该中心分为肉牛羊交易区、放心清真牛羊肉销售及餐饮区、屠宰冷藏区、综合服务区等四个功能区。主推“电子交易、期货交易、拍卖交易”三种新型农产品交易模式，开通网上交易平台及期货交易平台，实现产地—市场—终端服务的有效对接。该中心全面建成运营后，年可交易肉牛10万头、肉羊60万只以上，实现交易额15亿元以上，上缴税金800多万元，实现利润1000多万元，将成为西北地区肉牛交易量最大、配套设施最先进、交易管理最完善、服务功能最齐全、辐射带动作用最明显的肉牛交易暨冷链物流配送交易集散中心。

七、预期、问题和建议

（一）发展预期

通过对临夏州工商资本投资农业的调查分析，我们认为，工商资本投资农业不仅具有实力强、速度快、层次高、效果好的特点，而且有可能是推动农村产业结构的重大变革。按照“十二五”的规划目标，到2015年，临夏州的肉牛养殖规模将达到40万头，肉羊存栏规模250万只，这就会占有当地市场的相当比重。同时，现代养殖业对农民收入的贡献率将达到50%以上。

（二）存在问题

1. 农户反映的问题

一是土地流转难、土地流转成本高；二是融资难，主要体现在规模养殖、规模种植启动资金不足上；三是应对市场价格波动能力弱，极易在价格下跌时遭受极大损失；四是农民技术培训仍不系统、覆盖面小；五是农业生产保险体系不健全，农户投保意识差、意愿低；六是防疫时出现过敏反应死亡赔偿的标准太低，致使出现防疫事故时防疫员与农户之间的矛盾骤升。

2. 企业家反映的问题

一是金融服务滞后，对工商资本投资农村没有特殊政策；二是国家惠农政策落实不到位，对农业公司与农户没有区别；三是农民的契约意识和法治观念不强，养殖和饲草合同方面的违约现象严重；四是普通劳动力过剩，技能劳动力不足；五是农业基础设施薄弱，特别是交通、供水、供气条件比较差。

3. 农牧系统工作人员反映的问题

一是现行土地流转政策只有利于种养，而不利于办企业，对修建固定养殖设施和管理用房影响大；二是养殖业高端人才十分短缺，开发高层次畜产品能力不足；三是村级防疫员和村级技术员不仅短缺，而且很不稳定，主要因为工作待遇低（人均月工资仅为1250元）；三是龙头企业带动作用仍显不足，关键是产业链比较短、深加工企业少、高位畜产品少；四是县乡畜牧服务体系薄弱，科技推广经费很少。

（三）对策建议

根据对临夏州全州及各市县的调查了解，在西部民族地区要将工商资本转型投资农村规模化现代养殖业的事业迅速做起来，除了要继续发挥政府、企业、协会、农户等各参与方的积极作用之外，还需要做好以下几方面工作：一是根据自然人文环境条件，在适合发展规模种养业的地区，相关部门需要通过调查研究，制定相应的中长期发展规划，有序指导这项工作；二是地方党委和政府在推进这项工作的时候，一定要突出重点区域、重点企业、重点产业，坚持以扶持龙头企业为主、以市场导向为主的原则；三是把握好转型投资的大方向，通过工商资本的转型投资行为和实体性公司制农牧企业的培育，盘活和带动整体农村和农业的发展，促进职业农民的生成；四是努力解决好农村的基础设施条件，特别是道路、供水、供电、供气等问题；五是需要研究、制定和出台工商资本投资农村现代种养业的特殊扶持政策，在投入政策、信贷政策、税收政策、科技政策等方面做出具体规定。

参考资料

［1］中共中央编写组：《中共中央关于全面深化改革若干重大问题的决定》，

人民出版社，2013年11月。

［2］十八大报告文件起草组：《十八大报告辅导读本》，人民出版社，2012年11月。

［3］人民出版社编著：《1982—2014中共中央国务院关于三农工作的一号文件汇编》，人民出版社，2014年1月。

［4］《关于全面深化农村改革加快推进农业现代化的若干意见》，人民出版社，2014年1月。

［5］《中共中央国务院关于加快发展现代农业进一步增强农村发展活力的若干意见》，人民出版社，2013年2月。

第十六章　甘南州生态保护与经济发展对策①

一、甘南州自然状况

甘南藏族自治州（以下简称甘南州）是全国十个藏族自治州之一，地处青藏高原东北边缘，甘肃省西南部，甘、青、川交界处。全州总面积4.5万平方公里，处于青藏高原和黄土高原过渡地带，地势西北部高，东南部低。境内海拔1100～4900米，大部分地区在3000米以上。全州分为三个自然类型区，南部为岷迭山区，山大沟深，气候比较温和，是全省重要林区之一；东部为丘陵山地，高寒阴湿，农林牧兼营；西北部为广阔的草甸草原，是全省主要牧区。自治州成立于1953年，现辖7县1市，95个乡镇、4个街道办。其中：玛曲、碌曲、夏河、卓尼、临潭和合作6个县市是黄河重要水源补给生态功能区，土地总面积3.06万平方公里，占全州土地总面积的67.9%；舟曲和迭部两县位于长江支流白龙江上游，是长江上游“两江一水”流域水土保持与生物多样性生态功能区和长江上游重要的水源涵养林区。也就是说，甘南州全域属于限制开发区，其中，占全州面积的43%的区域属于禁止开发区，这是甘南州国土开发与经济发展的自然基础条件。

二、甘南州经济发展现状与存在问题

（一）经济发展缓慢，第三产业发展成效显著

总体经济增长比较慢，但是，第三产业的增长极已经形成，对拉动经济增长的作用明显。根据统计，2015年全州实现地区生产总值126.54亿元，按不变价格计算，比上年增长7.5%。其中，第一产业增加值27.01亿元，增长5.4%，对经济的贡献率为13.2%，拉动经济增长1个百分点；第二产业增加值20.70亿元，增长2.2%；第三产业增加值78.84亿元，增长10.4%，对经济的贡献率为79.7%，

① 该部分内容是李含琳、魏奋子、滕海峰、王悦等人共同完成的《甘南州2016—2025重大经济发展问题调研及发展思路和战略决策建议》的相关研究成果。

拉动经济增长6个百分点。三次产业结构比由2014年的20.68：22.70：56.62，调整为21.34：16.36：62.30，第一产业比重上调0.66个百分点，第二产业比重降低6.34个百分点，第三产业比重上调5.68个百分点。

（二）经济总量严重不足，经济增长的“短板”明显

全面建成小康社会的任务必须完成，但是，经济总量严重不足，距离国家2020年的目标值差距过大，经济增长的“短板”明显，目标任务难以完成。2015年，全州人均GDP只有15554元（折合为2500美元，是全国平均水平的31.35%，是全省平均水平的59.38%）。依据2020年全国建成小康社会的目标指数计算，2015年甘南州的人均GDP指数为26.82%，离目标值58000元相差42446元（按照年经济增长速度7.5%计算，要达到目标值，还需要16～17年，实现年份为2031年左右）。城乡居民人均纯收入6854元，指数为27.42%，离目标值25000元相差18146元，到2020年完成目标值，年均增长量要分别达到7074元、3024元，年均增幅要分别保证在24%、25%以上。可见，经济增长极少、经济发展慢、人均收入低，是甘南州建成小康社会的最大限制因素，是全面建成小康社会的最大“短板”。

（三）发展条件艰苦，但发展空间仍然较大

甘南州的资源和经济发展条件比较艰苦，但是，实际可以提供的经济资源还是比较多，如果科学策划和设计发展战略，对于重大经济发展问题进行创新定位，还是有变化的余地。调查发现，甘南州的旅游资源、草食养殖业、矿产资源、水资源等，还有一定的开发空间。比如，旅游业已经成为甘南州首位产业，而且市场空间很大；以贵金属为主的多种矿产资源勘探取得成效，部分可以进入开发设计阶段；高原牛羊肉产业已经形成品牌效应；城镇化的发展空间也比较大，立体交通体系不久将形成，园区建设还处在成长和整形期。所有这些因素，都是甘南州未来10年发展特别是“十三五”规划期间，进行大的发展调整的基础。

三、甘南州生态红线划定与生态保护

（一）生态红线划定及其影响

根据甘南州的自然地理特征和生态环境现状，依据《中华人民共和国环境保护法》《中华人民共和国自然保护区条例》等法律法规以及《甘肃省主体功能区规划》等有关文件的规定，将甘南州生态红线保护区域划分为10种类型。

1.生态保护区范围

甘南州由于是西北乃至全国黄河上游重要的水源涵养区，再加上藏区的特点——生态重点保护区，也就是一般意义上的生态红线空间比较大，可以说，甘南州的大部分区域都属于生态红线的范围。具体情况如下：

（1）自然保护区。指有代表性的自然生态系统，珍稀濒危野生动植物物种的天然集中区，有特殊意义的自然遗迹等保护对象所在的陆地、陆地水体或者海域，经县级以上人民政府批准建立的特殊保护和管理的区域。

（2）风景名胜区。指具有观赏、文化或科学价值，自然景观、人文景物比较集中，环境优美，可供人们游览或进行科学、文化活动的特定区域。甘南州有省级风景名胜区2个，分别是碌曲县郎木寺、临潭县冶力关风景名胜区。

（3）地质公园。指在地球演化的漫长地质历史时期，由于各种内外动力地质作用，形成、发展并遗留下来的珍贵的、不可再生的地质自然遗产。甘南州有国家级和省级地质公园4个，其中冶力关为国家级，洮河大峪、扎尕那、则岔石林为省级地质公园。

（4）森林公园。指森林景观优美，自然景观和人文景物集中，具有一定规模可供人们游览、休息或进行科学、文化、教育活动的场所。

（5）基本草原。主要包括重要放牧场、割草地、用于畜牧业生产的人工草地、退耕还草地以及改良草地、草种基地。全州各县市共划定基本草原3865万亩。划定基本草原应当依法严格管理，确保基本草原面积不减少、质量不下降、用途不改变。

（6）草原湿地。甘南草原湿地是以玛曲湿地为核心的甘南草原湿地，素有黄河“蓄水水池”和“中华水塔”之称，也是世界濒危野生动物黑颈鹤、白尾海雕等的主要栖息地，是青藏高原湿地面积较大，特征明显，最原始、最具代表性的高寒沼泽湿地，也是世界上保存最完整的自然湿地之一。

（7）饮用水水源保护区。指江河湖泊、水库等集中式饮用水源一定范围的水域和陆域需要加以特别保护的区域。

（8）水产种质资源保护区。是指为保护水产种质资源及其生存环境，在具有较高经济价值和遗传育种价值的水产种质资源的主要生长繁育区域，依法划定并予以特殊保护和管理的水域、滩涂及其毗邻的岛礁、陆域。

（9）生态公益林。甘南州公益林森林生态效益补偿面积已达290.27万亩，并争取将全州未获补偿的天保工程区外公益林地和退耕还林地全部纳入森林生态效益补偿范围内给予补偿。

（10）基本农田。指按照一定时期人口和社会经济发展对农产品的需求，依据土地利用总体规划确定的不得占用的耕地。甘南州现有基本农田保护面积76400公顷。

2.划定生态红线的影响

根据国家有关规定和甘肃省的主体功能区建设规划以及甘南州生态环境的实际情况，甘南州生态红线划定的大致框架是：全州全域属于限制开发区；其中，占全州面积的43%的区域属于禁止开发区，这个面积也就相当于“红线区域”；也就是说，甘南州是甘肃省面积最大、负担最重、贫困人口比重最高、精准扶贫的任务最艰巨的地区。也正是这些原因，生态红线区的所有工作将对甘南州今后各方面的发展产生巨大的影响。这是个基本现实，我们必须接受。

（二）生态移民对未来城镇及经济发展的影响

1.九甸峡库区移民概况

甘南州的生态移民主要因引洮工程修建九甸峡水库而启动。九甸峡水库淹没面积达24.6平方公里，涉及甘南州临潭、卓尼两县的5个乡，16个行政村，32个村民小组，需要移民搬迁2062户9338人，另外有1345户5818人受到影响。移民搬迁涉及卓尼县1035户4724人，临潭县1027户4614人。目前有两种搬迁方式，一种是由政府统一组织，向酒泉市瓜州等地外迁安置1280户5901人。其中，卓尼县479户2214人，临潭县801户3687人。另一种是对不愿外迁的群众，通过投亲靠友、自谋职业和后靠安置三种办法进行安置，共782户3188人，其中卓尼县556户2261人，临潭县226户927人。目前，外迁瓜州县的群众在当地已经实现了稳定定居，生产生活逐步步入正常。后靠安置的群众90%以上集中安置在库区周边地区，投亲靠友和自谋职业的有部分又回到库区周边自行定居。到2016年8月，定居在库区周边的非外迁移民共703户3100人。其中，卓尼县556户2510人，临潭县147户590人。

2.生态红线划定区域的移民情况

按照国家及省上主体功能区的相关规划，甘南州全域4.5万平方公里的国土全部被列为限制开发区，其中，有43%的区域被列为禁止开发区，估计禁止开发区的人口占全州总人口的20%左右。从长远来看，将居住在禁止开发区域的群众迁出，一方面有利于禁止开发区的生态保护，另一方面也能提高人民群众的社会公共服务水平和改善生产生活条件。因此，这一部分群众如何分期分批地迁出，是当前和今后一段时期内甘南州生态建设的中心任务。需要特别注意的是，在这部分群众从禁止开发区移出之前，应避免在这一区域内再上新的工业项目和大型基础设施项目。

3.移民安置与城镇融合

根据调查，目前，九甸峡库区外迁安置到瓜州的移民已经纳入当地的社会管理体系，发展比较正常。而非外迁移民中的部分移民，由于各种原因，特别是投入有限，耕地资源少和发展环境欠佳等，目前的发展状态一般，仍然是全州最落后的区域之一。到2016年8月，库区仍有13个行政村不通等级公路，有8个村民小组不通公路，9个行政村的13个自然村不通自来水，10个自然村就近没有小学，12个自然村附近没有卫生室，人均住房面积不足20平方米，并且70%以上的房屋结构简陋，御寒抗震能力差。总之，这部分非外迁移民的数量庞大，居住分散，发展慢，对库区周边的生态承载形成新的压力。

4.移民群体的就业和收入

九甸峡库区非外迁移民依托水利枢纽工程实施后所形成的水资源优势和当地传统资源禀赋，已经培育了网箱养鱼、洮砚石精加工、经济林果、特色养殖、库区旅游等一些新型产业，吸收了相当部分的群众就业。目前，库区发展网箱养鱼80余亩，发展洮砚精加工企业1家、专业加工户205户，种植经济林果1480亩，发展农家乐2户。成立各类农牧民专业合作社32个，组建农牧业龙头企业1个。近两年，800名非外迁移民得到了劳动技能培训，使40%的劳动力掌握了一技之长，劳务产业发展迅速，对增加当地群众的收入起了很有效的作用。

（三）决策建议

坚持生态文明发展，是中央自党的十八大以来几乎所有重要会议和文件着重强调的一个中心工作，甘南作为我国西北重要的生态敏感区之一，又是少数民族地区，应责无旁贷地做好这项工作。具体建议如下：

1.必须尽快推进生态红线的划定工作

按照国家关于主体功能区的规划、生态红线的空间分布图、甘肃省的生态红线划定规划等，把生态红线的划定工作细化成若干项具体工作安排，部署到政府的相关主管部门，把移民安置区、生态恢复区、警戒线管理区的相关工作和任务落实好。

2.认真做好生态移民工作

甘南州属于生态移民的区域、流域和人员比较多，这是由甘南州的禁止开发区面积大所决定的。在少数民族地区要真正推进生态红线划定工作，其实关键的就是移民问题。对于移民工作，依据和基础是国家支持的项目，操作的重点是坚持分类实施的原则，灵活运用跨区域移民、就近异地搬迁、大流域集中搬迁等三种基本形式。

3.生态发展项目必须是“半商品”性质

这主要是考虑市场体制和运行机制对生态建设的影响力问题。从投资的角度来看，如果都把生态项目看作是公共项目，那么政府的综合经济能量根本保证不了投入的需要；如果都看作是竞争项目，那实际上大多数生态项目具有投入多产出少的特点，民间资本的积极性不高。对于甘南州的生态项目应该根据具体情况多数按照“半商品”的产业、产品和技术进行处置。这对吸引非政府投资的作用肯定明显。

4.大力扶持产业类生态项目

甘南的生态资源非常多，我们应该明确提出“向生态要效益”的战略口号。在具体工作上，分区域、分流域、分情况地规划和建设生态养殖区、生态种植区、生态旅游区、生态工业园区、生态城镇等。这样思考问题，其实就是主张生态建设必须走产业化、市场化、科技化的道路。

四、甘南州旅游经济增长极培育

（一）旅游资源概况

独特的地理位置和文化传统，造就了甘南绚丽多彩的自然风光、古朴神秘的宗教文化、浓郁独特的民俗风情和光辉灿烂的红色传承。目前，全州已开发利用的旅游资源达50多处，现有国家级旅游景区27处，其中国家4A级景点6处、3A级10处、2A级11处，农（牧）家乐996户。先后被国内外旅游权威评级机构评为"西部最具魅力的旅游景区""'让生命感受自由'的世界50个户外天堂""'梦幻之旅'·人一生要去的50个地方""中国最具民族特色旅游目的地""国家精品旅游景区"和"中国最美的生态低碳旅游目的地"等称号。

——自然风光绚丽多彩。拥有世界上最大的绿色峡谷群、亚洲最大的天然草原、中国最美的湿地，打造了以冶力关、大峪沟、拉尕山、则岔石林、当周草原等为代表的国家AAAA级旅游景区，以当周草原、玛曲湿地为代表的国家级生态旅游示范区。

——藏传佛教文化博大精深。123座藏传佛教寺院分布在甘南大地，以拉卜楞寺、郎木寺、禅定寺、米拉日巴佛阁为代表的藏传佛教寺院，以晒佛节、毛兰木法会等宗教节日活动和南木特藏戏表演闻名中外，吸引着众多海内外游客。

——革命遗迹底蕴深厚。天险腊子口被列为全国100个红色旅游经典景区之一和30条精品线路之一，俄界会议会址、茨日那毛主席故居、临潭苏维埃旧址、冶力关肋巴佛纪念馆、卓尼杨积庆烈士纪念馆和土司历史陈列馆等红色旅游景区，深受游客喜爱。

——民俗风情浓郁独特。州内"一江三河"流域汇集了游牧文化、农耕文化、民俗文化、草原文化和藏传佛教文化，文化底蕴丰厚，生活习俗、民族服饰、建筑民居、婚丧礼仪等方面与其他藏区相比具有独特性，堪称"民俗大舞台"。

——民俗节庆异彩纷呈。民俗文化多姿多彩，内容丰富，富有独特的区域特色。正月有万人拔河、毛兰木大法会；二月有圣颂法会；五月有采花节；六月有香浪节；七月有香巴拉文化旅游节、柔扎法会；八月有格萨尔赛马节；九月有金刚法会。还有娘乃节、朝水节、插箭节等30多种民俗节日演绎着丰富多彩的民族史诗画卷，县县有节会、月月有活动、处处有惊喜。

（二）旅游业发展水平评估

近年来，在州委、州政府的正确领导和省旅游发展委员会的大力支持下，全州上下紧紧围绕"旅游兴州"战略、建设"旅游甘南"目标，坚持高位谋划、高端开发、高效利用，不断完善基础设施，着力提升发展质量，推动资源优势向产业优势、经济优势转化，有力促进了旅游业的快速发展。

根据调查，这些年以来，甘南州在旅游产业的发展上的思路和战略定位是准确和科学的。主要工作有：一是做好顶层设计。制定出台《甘南州关于促进旅游业改革发展的实施意见》《甘南州旅游文化产业深度融合及第三产业首位产业发展的实施意见》等指导性文件。二是重视规划工作，编制《甘南州生态旅游发展规划》《扎尕那景区旅游发展总体规划》《卓尼县车巴沟景区总体规划》等13个旅游发展规划。三是夯实发展基础。大力实施“游路环通”交通突破行动，全州共建设旅游基础项目32个，总投资25.27亿元，有力提升了全州旅游服务水平和对外形象。四是强化宣传推介。连续认购央视等主流媒体和首都机场、天安门广场等地旅游宣传广告，积极参加北欧旅游博览会、深圳文博会、京交会、兰洽会等重大节会，签订文化旅游战略合作协议43个。五是加快甘南州“智慧旅游”项目建设，开通了州县市8个官方微信平台，旅游宣传推介形成了多渠道、高密度叠加营销的新态势。成功举办了多种旅游盛会和体育赛事，成功申报中国赛马之乡、中国锅庄之乡、中国楹联文化县，“九色甘南香巴拉”的旅游品牌知名度和影响力进一步提升。六是拓展新兴业态。观光游、体验游、朝圣游、自驾游、乡村游等旅游业态日益成熟，其中，临潭县冶力关镇池沟村、迭部县益哇乡扎尕那村被国家旅游局评为“中国乡村旅游模范村”，22家农（牧）家乐被评为“中国乡村旅游金牌农家乐”。七是优化发展环境。修订《甘南州旅游管理条例》和《甘南州“农（牧）家乐”星级评定标准》，旅游管理质量逐步提高。

由此可见，旅游业发展的高速度非常明显。根据统计数据，全州2015年旅游人数达到770.02万人次，其中，国内游客763.74万人次，入境游客6.29万人次；旅游综合收入达到34.03亿元。从旅游人数来看，2015年比2000年增长了12倍，比2010年增长了3倍；旅游综合收入2015年比2000年增长了64倍，比2010年增长了4倍，旅游综合收入占全州经济总量的27%。进入2016年后，旅游业仍然保持增长强势，根据统计，2016年1—7月，全州累计接待国内外游客614.44万人次，同比增长39.4%；实现旅游综合收入28.11亿元，同比增长42.1%。旅游收入在旅游重点区域占当地人均收入的40%以上；年内旅游人数有望突破千万人次大关，旅游综合收入有望超过40亿元。到2015年底，全州培育旅游企业18家，直接从业人员达15000人，再加上间接从业人员，总计就业人员在3万人以上。

但是，也存在一些不容忽视的问题和不足，主要有：一是旅游基础设施投入仍然不足，机场比较小，目前还没有高铁，游客主要依赖客运汽车和自驾解决交通，这与发达地区差别很大；二是对主要旅游资源的开发力度、广度和深度不够，有些资源具有世界级、国家级潜质，但是，目前的开发层次只是省级，也许更低，浪费了旅游资源；三是县市和乡镇之间在旅游主导产业、行业的开发上还没有形成合理的分工，重复的比较多，这就造成同行内耗的局面；四是旅游资源优秀，旅游景点也很多，但是，围绕打造世界级、国家级著名旅游品牌的景区建设严重滞后；五是市场主体尚未培育成熟，投融资渠道和平台单一，旅游招商乏力；六是从业人员素质参差不齐，旅游专业人才开发滞后，专业化水平低。

（三）提升空间

随着丝绸之路经济带建设的深入推进和甘肃省国家级华夏文明传承创新区甘南版块的建设，为甘南州旅游业面向两个市场、利用两种资源，开辟了新的渠道、拓展了新的空间，提供了难得的历史机遇。我们将始终坚持融合型、内涵型和开放型发展的路子，按照“优化结构、提质增效、跨越发展”的思路，加快推进旅游业改革发展，精心做好高端化“建点”、精品化“连线”、一体化“布局”三篇文章，构建藏传佛教、民俗风情、草原峡谷、红色旅游文化产业带，着力打造“大生态、大草原、大文化、大宣传、大交通、大景区”的旅游发展格局，实现甘南州由旅游资源大州向旅游强州、旅游名州的转型升级。

预期目标为：2015—2020年，全州旅游人数和旅游综合收入年均分别增长23%和25%以上。

——到2020年，全州年接待游客突破1500万人次；旅游综合收入达到60亿元，旅游业增加值占地区生产总值的比重达10%，旅游业直接就业和间接人数达到8万人。

——到2020年，全州创建3个国家AAAAA级旅游景区，8个以上国家AAAA级旅游景区，10个国家AAA级旅游景区；建成1～2个五星级酒店、10个以上四星级酒店、20个以上三星级酒店；建成一批旅游示范乡镇、专业旅游村、标准化农（牧、藏、林）家乐；形成藏传佛教、民俗风情、草原峡谷、红色旅游等四条主题品牌线路，在全国打响“九色甘南香巴拉”旅游品牌。

——到2020年，旅游综合收入年均增长达到25%以上，旅游综合收入占国民经济的比重达到30%，旅游收入占旅游集中区农民的收入比重提高到40%；旅游人数年均增长20%以上，其中，外国旅游者的年均增长率提高到30%；全州直接和间接参与旅游的就业、从业人员达到8万人，占城镇就业总人员的10 %以上。

——到2025年，实现旅游体制机制高效顺畅，旅游产业规模持续壮大，旅游综合实力显著增强，旅游业的可进入性、可驻足性、可消费性和可回头性全面提升，把甘南建成国内外知名的高原特色生态旅游示范区和民族文化旅游目的地，旅游品牌打造取得明显成效，旅游管理实现规范化和科学化。

（四）决策建议

根据以上分析，建议州委州政府，在今后甘南的整体发展思路和战略上，将旅游业定位为“第一产业”“第一工程”“第一项目”，将甘南建设成国家西部藏区最著名的旅游集中区、生态和文化旅游高端区、旅游开放试验区、甘肃省旅游领先区。按照党的十八届五中全会提出的五大发展理念，创新工作机制、牢抓项目建设，强化宣传营销，加强行业管理，不断推动全州旅游工作提质增效。

1. 以大景区为引领，着力打造精品景区

加快组建拉卜楞、冶力关大景区管理委员会，依法组建旅游开发公司，对大景区实施市场化运营，理顺景区管理体制。将旅游规划理念融入经济社会发展全局，推进多规合一。按照全域景区化标准，加快全州现有27个A级景区基础和配套服务设施建设，推动拉卜楞、冶力关、拉尕山、大峪沟、扎尕那创建国家5A级旅游景区，天下黄河第一弯、郎木寺、腊子口、米拉日巴佛阁、车巴沟创建国家4A级旅游景区。

2. 以大资本为保障，着力推进项目建设

坚持“上争”“外引”“内聚”三管齐下，建立以政府投入为引导、社会资金为主体的投融资新体系。加大项目争取和专项资金投入力度，加快景区道路、旅游集散咨询中心、自驾车营地、观景台和旅游厕所建设，完善标示标牌系统。推进“智慧旅游”项目建设，发展互联网终端全平台旅游应用，建立甘南“一网三平台”，完善数据共建共享机制，启动旅游大数据中心建设。加大旅游项目招商引资力度，加快文化旅游综合体项目建设进度，启动合作市文化旅游一条街改造项目。

3. 以大宣传为抓手，着力营销旅游品牌

“走出去”到主要客源地开展文化旅游推介招商活动，邀请知名媒体、旅行社等团体开展采风踩线，推出高原生态、民俗风情、红色圣地、宗教文化四条主题品牌线路。高质量举办富有甘南特色的民俗节庆赛事活动，利用好甘南“一带一路”沿线国家民族服饰国际展暨旅游形象大使等三项国际性赛事活动的舆论宣传效应，释放宣传的持续效应和轰炸效应，提升甘南旅游节会品牌的影响力和知名度，提升甘南全域旅游示范区的美誉度和竞争力。

4. 以大融合为重点，着力培育新兴业态

发挥“旅游+”功能，促进旅游与其他产业深度融合，培育一批新业态。深化文旅融合，推动文化产业园区建设景点化。组建演艺团队，实现城区广场、重点景区演出常态化。加快草原帐篷城和演艺城建设，开发游牧生活体验游、民族歌舞观赏游。推进农旅融合，继续建设绿色旅游长廊和万亩油菜花观赏带，打造“最美彩色风景线”。实施乡村旅游富民工程，打造一批民俗浓郁的旅游小镇，发展一批业态丰富的旅游专业村，开发一批特色鲜明的乡村旅游产品。探索体旅融合，积极开发滑雪滑冰、低空飞行、徒步穿越、驴友在途等体育休闲项目，举办全国露营大会、全国山地穿越挑战赛等品牌赛事。促进商旅融合，在中心城区布局餐饮购物、娱乐休闲等服务业，规划建设特色餐饮街区和主题酒店。

5. 以大区域为依托，着力建设合作平台

强化与周边市州、省内各市州的旅游协作，积极与甘青川周边区域和丝绸之路沿线省份进行合作，主动融入甘肃黄河风情线、民族风情线、中藏医药养生线、红色旅游线，依托三省八市州区域旅游协作组织，建立区域合作联动机制，打造“九色香巴拉”“黄河上游大草原”旅游经济圈，融入“大香格里拉”旅游圈。

6. 以大整治为举措，着力营造良好环境

加大旅游市场秩序综合整治力度，加强旅游安全综合监管，全面落实旅游侵权先行赔付办法，探索设立旅游警察、旅游巡回法庭、工商局旅游分局。继续开展旅游环境卫生大整治行动，优化美化环境。大力开展旅游行业管理和从业服务人员业务培训，积极探索“以赛促训”新模式，不断提升技能和服务水平。积极倡导“人人都是旅游形象、事事关系旅游环境、处处要为旅游服务”的现代文明理念，充分调动全社会关心旅游、支持旅游、参与旅游的积极性和主动性，着力营造舒心、文明、有序、安全、便利的旅游环境。

五、甘南州高原草食畜牧业经济增长极培育

（一）基本情况

甘南州是甘肃省乃至全国的主要牧区之一，是甘肃省重要的畜牧业基地，甘南草原具有载畜能力较强、耐牧性较强、无工农业污染、病原菌极少、高原野生名贵药用植物丰富等诸多独特的优点，是理想的有机畜牧生产区域。据1982年甘南草原调查情况，草原总面积为4084.9万亩，草地类型主要有高山草甸、亚高山草甸、灌丛草甸、沼泽草甸等7类17组29个草地型，其中亚高山草甸是其主体和精华，占可利用草地面积的53.71%。地方优良畜种有甘南牦牛、甘南藏羊、河曲马、河曲藏獒等。

近年来，面对保护生态环境与增加农牧民群众收入的双重压力，我们通过调结构、转方式，走出了一条畜牧业增产增收和生态环境改善的路子。主要经历了三个阶段：2004年，针对全州以牧为主、农牧兼营的农牧产业格局，创造性地提出了“牧区繁育、农区育肥，农区种草、牧区补饲”的“农牧互补”战略，初步形成了产业化发展新思路；2008年，进一步深化拓展“农牧互补”战略，提出了“一特四化”工作思路，就是把以牦牛藏羊为主的高原特色生态畜牧业作为战略性主导产业，全力推进专业化布局、产业化经营、标准化生产、技能化培训；2013年，在总结“农牧互补一特四化”成功实践的基础上，州委州政府制定出台了“168”现代农牧业发展行动计划，即围绕建设甘南国家级草原畜牧业可持续发展示范区这个中心，着力壮大提升牦牛、犏牛、藏羊繁育，犏雌牛（奶牛）养殖、牛羊育肥、高原特色种养等六大特色优势产业，突出抓好草业饲料基地建设项目、农牧物质装备建设项目、动物疫病防控体系建设项目、良种繁育体系建设项目、农牧民合作组织建设项目、农牧民职业技能培训项目、农畜产品加工龙头企业项目、农畜市场体系建设项目八大重点配套项目。为促进高原草食畜

牧业持续快速发展，甘南州先后制定了《甘南州牦牛藏羊产业发展规划》《甘南高原生态现代畜牧业示范区规划》《甘南州牦牛财富成长规划纲要》等12个规划，有力推动了全州畜牧业可持续健康发展。

据统计，2015年全州各类牲畜存栏373.9万头、只，比2010年减少了19万头、只；总增、出栏、商品三率分别达到35.5%、46.5%和40.2%，分别较2010年增长5.6、9.6和8.6个百分点；完成肉类产量7万吨，比2010年增加1.63万吨，增长24.56%；奶类产量9.02万吨，比2010年增加0.57万吨，增长7.5%。全年全州完成畜牧业增加值18.47亿元，比2010年增加7.59亿元，占农林牧渔业及农林牧渔服务业增加值的68%以上。高原草食畜牧业已成为甘南州“一产”的首位产业、主导产业，是农牧民群众增收的主要途径。

根据统计，按照出栏概念计算（包括外销的牛羊、牛羊肉在内），2015年，全州的主要畜产品产量为7.22万吨，其中，牛肉3.65万吨，羊肉2.14万吨。肉类产品州内销售约占1/3；州外销售2/3，其中，出口销售约20%。从这些数据可以看出，甘南州的畜产品具有非常大的质量和品质优势，主要缺陷是产量低、总量不足、外销和出口的能力弱。而且，根据调查，出口的还不是直接出口，而是通过临夏、广东、新疆等地的各种渠道，“借道”出口，甘南州没有直接的外销路径。

（二）产业培育

1.基地概况

“十二五”以来，全州建设牲畜养殖小区（场）256个，新建牲畜暖棚11592座，发展专业养殖户3万多户，规范强化了8个种畜基地，共建立牦牛藏羊繁育核心群40个，选育后备种公畜1.85万头、只，全州牲畜良种率达到48%，大力淘汰非生产畜和劣质种畜，培育犊牛羔羊，及时补充后备母畜，扩大能繁母畜比例。与2010年相比，全州适龄母畜净增11.3万头只，其中牦牛藏羊适龄母畜净增8.6万头只，增幅达4.8%。

2.建设措施

在纯牧区，通过全力推进“168”现代农牧业发展行动计划，以牦牛藏羊专业化养殖为重点，加快调整畜种畜群结构，大力实施牛羊育肥小区、奶牛养殖小区、暖棚建设、退粮还草、牧草良种补贴和转变草原畜牧业发展方式专项补助等项目。在农区和半农半牧区，大力推行退粮还草、优质饲草料基地建设和农作物秸秆饲料化利用等措施，积极发展牦牛、藏羊和犏牛繁育产业。

3.草原保护

“十二五”以来，全州完成规范化承包草原3778.78万亩，依法划定基本草原3816.55万亩，划定禁牧草原887万亩，推行草畜平衡草原2855.48万亩，通过加大出栏和转为舍饲暖棚养殖等方式核减天然草原超载牲畜136.475万个羊单位；

完成退牧还草禁牧休牧围栏建设50万亩，综合防治草原鼠害1018.05万亩，补播改良天然草原291万亩，人工种草61.85万亩；开展沙化（黑土滩）草原综合治理121万亩；建成州、县级草原防火指挥中心（站）8处；单独设立州级和碌曲、玛曲、夏河、合作5个草原监理站；建设国家级草原固定监测点7个；扶持发展草产品生产加工企业和专业合作社17家。据行业部门监测，2015年全州天然草原植被盖度为96.62%，比2010年提高了4.62%；平均产草量为369.7公斤/亩，比2010年提高了59.7公斤/亩；平均草群高度为15cm，比2010年提高了2.9cm。草原退化总面积由2010年的3663万亩下降到3166万亩，下降了13.58%；鼠类危害面积由2010年的1760万亩下降到847万亩，下降了51.88%。

4.提高品质

不断推进标准化生产，组织开展标准修订和产品注册，制定、修订了《甘南牦牛选育技术规程》《甘南藏羊种羊选育技术规程》等畜牧业质量标准和技术规范23项。全州无公害畜产品认证10个，生产规模4730吨；绿色食品认证2个，规模1460吨；有机食品认证3个，生产规模9202.5吨，甘南牦牛、甘南藏羊、甘南藏獒等22个特色农畜产品纳入了农业部《全国地域特色农产品普查备案名录》，甘加藏羊被国家质监总局认定为国家地理标志保护产品。“玛曲牦牛”和“玛曲欧拉羊”已通过农业部农产品地理标志登记专家评审。全州有9家企业建有专门的质检机构，通过相关质量认证的龙头企业6家，获得省级以上名牌产品或著名商标的龙头企业2家，获得“三品一标”认证的龙头企业4家。已组织认定无公害农产品产地8个，颁发无公害农产品产地认定证书。

5.疫病防控

围绕“两个努力确保”的总体防控目标，狠抓动物防疫各项措施的落实，全州连续八年没有发生重大动物疫情，动物群体免疫密度保持在99%以上，构筑了有效的免疫屏障。积极推行产地检疫报检制度和动物检疫电子出证工作，强化屠宰检疫和流通环节的检疫监管，加强了异地引进动物的防检疫管理，定点屠宰检疫率达到100%，保障了畜产品质量安全。全面推行兽药GSP认证工作，加大对非法经营兽药和生物制品的违法行为的打击力度，保障了兽药、饲料和兽用生物制品质量安全。

6.品牌打造

全州已培育华羚、燎原、雪顿、天玛、安多、雪原、泰霖等畜产品加工龙头企业26家，其中华羚乳品集团公司被认定为国家级龙头企业，科瑞公司、燎原乳业公司等10家公司已被认定为省级龙头企业，另有22家被认定为州级龙头企业。2015年全州畜产品龙头企业固定资产达12亿元，实现销售收入10亿元，带动农户5.2万户。全州在工商部门登记注册的农牧民专业合作社达4495户，较2010年增加了4443户。已认定国家级示范社9个，省级示范社49个，州级示范社163个。

（三）存在问题

1.草原生态环境恶化问题依然严重，影响草产量

目前，全州仍有退化草原面积约3166万亩，其中重度807万亩，中度1679万亩，轻度680万亩；鼠类危害面积约847万亩；毒害草草原约为608万亩；“黑土滩”型草原近346.9万亩；虫害发生面积约193万亩；沙化草原面积78.67万亩，草原生态环境仍需加大投入，积极开展综合治理保护。

2.畜产品质量高，但是畜牧业增收空间越来越小

受经济下行和外地畜产品冲击，甘南牦牛肉、藏羊肉等主要畜产品价格持续下滑，优质不优价、增产不增收的问题突出。畜产品加工企业规模小，产业链条短，产品层次低，畜产品加工转化率仅约28%。营销体系不健全、物流成本相对较高，优质的资源优势还未转变成经济优势。

3.畜牧业基础设施建设滞后，工厂化条件差

目前，全州已建成牲畜暖棚89.48多万平方米，按2015年末牛羊存栏量约380万头只折算，约为886万个羊单位，其中，能繁母畜、幼畜等约为440万个羊单位，按照每个羊单位需暖棚1平方米，还需修建牲畜暖棚近350万平方米。

4.牦牛和藏羊的品种退化较为严重，保护工作艰巨

与20世纪70年代相比，甘南牦牛个体平均变小21.8%，欧拉羊个体平均变小16.7%，牦牛产肉量平均下降31.2%，牦牛产奶量下降17.8%，欧拉羊产肉量平均下降18.3%。造成养殖效益低下，生产成本上升，牲畜周转期较长，在一定程度上挫伤农牧民群众养殖的积极性。

（四）新常态的挑战

经济新常态对甘南高原畜牧业的发展提出了更高的要求，这就是必须创新发展思路和发展模式，特别是要围绕国家的“一带一路”和甘肃省的“西向战略”，加快解决好一些新的发展理念和实际问题。

1.全面实施高层次清真标准

经过我们调查，多年以来，甘南州的高原牛羊主要是通过临夏州的回民长途贩运、育肥、屠宰、加工后，再销售到兰州和合作等地的。从2014年起，全国特别是西部地区在开发向西开放的通道，而中亚和西亚等丝路沿线国家多数属于伊斯兰国家，对于清真牛羊肉的市场需要很大。为此，建议甘南州把畜牧业的整体发展定位在清真食品的角度，逐步实施国家标准、国际标准，并由此提高畜牧业的开放和盈利水平。

2.育肥基地建设

育肥是甘南牛羊产业提升发展档次和市场竞争力的关键，在甘南，由于地理条件的限制，能够满足或者基本满足育肥条件的地方不多。但是，这个问题必须

尽快解决好。育肥的问题解决了，不仅可以增加收入，而且可以形成一个新的产业。调查发现，在甘南基本具备育肥条件的地方有卓尼、临潭、舟曲、迭部等四个县。到2015年底，已经建成养殖小区52处，培育专业育肥户3.6万户。但是，这些育肥基地和专业户的规模都比较小，育肥能力非常有限，要想办法提高水平。

3.招商引资与工厂化加工

要提高畜产品的经济效益，必须走公司化、工厂化的发展道路，必须搞深加工和出口。目前，全州已经有了华羚、科瑞、燎原和雪顿公司等企业，年均生产乳制品2961吨、鲜冻畜肉10689吨。2015年，全州规模以上畜产品加工业实现销售收入5.77亿元，实现增加值0.71亿元以上。但是，这样的企业还是太少，规模还是太小，市场影响还不大。甘南需要一大批这样的企业。

4.冷库建设

加快冷库建设是解决高原畜牧业季节性“短板”的关键。目前，甘南州共有冷库22座，总库容31515吨，主要分布在牧区县，以玛曲、碌曲县建成的冷库为主。舟曲、迭部等农区、半林区县较少分布。甘南州正在积极申请项目资金，争取扩大畜产品加工企业冷库库容，提升畜产品加工能力，为市场提供更多优质绿色高原生态畜产品。

5.出口问题

因为甘南高原牛羊肉不仅质量好，而且在中亚、西亚的市场上信誉度很高，所以，要提高效益必须把出口、出省作为发展方向。目前，甘南州的华羚、科瑞等企业的部分乳制产品已经获得国际质量认证和出口认证，打入条件苛刻的欧盟市场，纯天然、无污染的绿色畜产品品牌逐步响亮。但由于三聚氰胺事件影响，国际市场对国内乳制品质量信任度降低，致使甘南州出口创汇乳制品受到影响，出口产品基本停止。华羚、科瑞等乳制品企业正在积极调整产品经营战略，对企业产品进行改造转型升级，为继续打入国际市场积极创造条件。

（五）决策建议

1.发展目标

将畜牧业的发展重点放在“提质提效”上，争取到“十三五”末，农牧业增加值达到35.5亿元以上，年均增长5.5%；农牧民人均纯收入达到9959元以上，年均增长11%。牦牛藏羊良种率达到55%以上，牦牛适龄母畜比例达到55%以上，藏羊适龄母畜比例达到60%以上。发展各类专业化养殖小区（场）260个以上，专业育肥户4万户。

2.区域布局

一是牦牛繁育产业带：实现以甘南州优良的天然草地为基础，辅以先进科学措施和生产方式，从牦牛繁殖到牦牛适时出栏的生产全过程。发展目标以生产高档有机肉为主导方向，打造甘南牦牛品牌。

二是犏牛繁育产业带：利用牦牛肉、乳的营养特性和其他牛种生长特性结合，选育开发适合甘南地区的犏牛，所生产的公犏牛输送至犏牛育肥区作为肉用品种，犏雌牛输送至犏雌牛（奶牛）养殖区作为奶用品种。

三是犏雌牛（奶牛）养殖产业带：通过大力发展犏雌牛（奶牛）养殖产业带，利用该产业区域充足的饲草料和交通便利条件，通过集中饲养犏雌牛发展奶产业，繁殖生产牦尕肥牛犊。

四是藏羊繁育产业带：依靠优良的天然草地资源，实施规模化、现代化的藏羊生态繁育。牦牛藏羊育肥产业带：依靠该区域充足的饲草料优势和人力资源优势，进行短期育肥出栏，解决草畜矛盾，为市场提供反季节肉产品。

五是河曲马、河曲藏獒和商品猪基地：在玛曲县河曲马场发展河曲马的专业化养殖，发展马产业，打造马文化。以玛曲为中心建立藏獒研繁基地，推进保种选育工作。在舟曲县、临潭县和迭部县部分乡镇发展以商品猪为主的地方性产品，拓宽农牧民增收渠道。

3.转型升级措施

一是把转型发展定位为畜牧业的主导战略。目前，甘南州草食畜牧业正处在由传统畜牧业向现代畜牧业发展的转型期，要进一步推进草食畜牧业全面转型，必须按照“168”现代农牧业发展行动计划的要求，加大草原保护和划区轮牧，调整畜种畜群结构，组建核心群，以牦牛藏羊为主突出专业化布局，加快产业化发展，扶持农牧民专业合作社和家庭牧场，建设牦牛、藏羊、犏牛繁育和犏雌牛养殖、牛羊育肥等五大产业带。因此，建议对《甘南州牦牛产业发展规划（2014—2020）》给予立项批复，在牦牛藏羊养殖专业合作社发展等方面予以政策倾斜，促进草食畜牧业转型发展。

二是加大农牧业基础设施建设的力度。甘南由于冬季气候寒冷，且时间比较长，牧民居住和生产发展条件十分简陋，基本没有防灾能力，畜牧业生产性基础设施缺乏，牲畜暖棚、育肥设施、动物防疫设施、检测检疫设施、草原防火物资、农牧业机械装备等基础设施建设依然严重滞后。因此，建议进一步加大投入力度，扶持甘南州开展牲畜暖棚、动物防疫设施、畜产品检测检验设施、草原防火物资、草原监理执法设备、畜牧业机械装备等基础设施建设，改善畜牧业发展基础。

三是抓好龙头企业培育，增强产业化发展带动能力。重点扶持壮大现有畜产品系列加工龙头企业，改善屠宰加工、品质检验设施装备条件，提高企业技术创新能力，促进牛羊屠宰加工企业向规模化、标准化、品牌化方向发展。引导肉牛肉羊屠宰加工企业通过订单收购等多种形式，与养殖场户或农牧民专业合作组织结成稳定的购销关系。提升产、加、销一体化程度，促进养殖、屠宰加工、流通等各环节利益合理分配，切实解决牲畜出栏难、企业生产原料短缺的问题，实现产业发展、企业增效、农牧民增收。

四是努力推进标准化生产，保障畜产品质量安全。把推广畜牧业标准化与生产示范结合起来，继续开展国家级、省级畜禽养殖标准化示范创建活动，坚持高标准建设。鼓励引导畜产品生产企业、养殖大户积极开展无公害畜产品、绿色食品、有机食品认证和地理标志畜产品登记工作，不断增加畜产品的品牌数量，提高畜产品质量，提升畜产品档次。强化动物疫病防控，重点组织实施好集中免疫和月月免疫补针工作，消除免疫空白点。

五是加大良种繁育力度，促进畜牧业提质增效。以组建种公畜专业合作社和种公畜基地为抓手，加大良种选育力度，组建核心群，做好扩繁工作，积极扶持农牧户规模经营种公畜，加快牲畜本品种选育和提纯复壮步伐，实现畜种改良的低成本、高效化，防止种质退化。并积极抓好半野血牦牛、野盘羊、娟姗牛等优质种公畜的引进、配送、繁殖工作，引进野牦牛冻精，推广犏雌牛人工授精技术，不断提高良种繁育水平，增加畜牧业生产效益。

六加快专业合作社发展，提高产品竞争能力。继续加强规范管理，切实提高合作社的引领带动能力和市场竞争能力，积极鼓励和支持专业合作社吸收不低于合作社社员人数30%的贫困户加入专业合作社，使传统分散种养逐步向联合发展、规模经营集中，使更多的农牧民介入畜产品生产、流通、销售领域，分享增值效益。

附 表

表1 2014年重点开发区域国土开发现状

区域 \ 指标		年末常住人口 绝对值（万人）	年末常住人口 占全省比重（%）	生产总值 绝对值（亿元）	生产总值 占全省比重（%）	工业生产总值 绝对值（亿元）	工业生产总值 占全省比重（%）	人均GDP 绝对值（元/人）	人均GDP 占全省比重（%）
甘肃省		2590.78	100.00	6836.82	100.00	2263.20	100.00	26433.00	100.00
1. 兰州—西宁区域：兰白（兰州—白银）地区	城关区	130.12	5.02	705.72	10.32	52.22	2.31	54420.00	205.88
	七里河区	57.04	2.20	384.90	5.63	148.48	6.56	67646.00	255.91
	安宁区	28.12	1.09	144.33	2.11	53.20	2.35	51416.00	194.51
	西固区	36.79	1.42	311.90	4.56	162.26	7.17	84941.00	321.34
	红古区	13.90	0.54	107.17	1.57	59.57	2.63	77323.00	292.52
	皋兰县	13.56	0.52	44.28	0.65	19.30	0.85	33980.00	128.55
	榆中县	44.15	1.70	97.01	1.42	34.68	1.53	21973.00	83.13
	白银区	29.99	1.16	197.77	2.89	100.06	4.42	66077.00	249.98
	平川区	19.40	0.75	75.18	1.10	43.33	1.91	38744.00	146.57
	合计	373.07	14.40	2068.26	30.25	673.10	29.74	55438.88	210.08

续表1

区域 \ 指标		年末常住人口		生产总值		工业生产总值		人均GDP	
		绝对值（万人）	占全省比重（%）	绝对值（亿元）	占全省比重（%）	绝对值（亿元）	占全省比重（%）	绝对值（元/人）	占全省比重（%）
关中—天水区域：天成（天水—成县、徽县）地区	秦州区	65.38	2.52	159.41	2.33	41.04	1.81	24505.00	92.71
	麦积区	56.23	2.17	149.16	2.18	60.42	2.67	26574.00	100.53
	成县	24.62	0.95	46.17	0.68	10.09	0.45	18806.00	71.15
	徽县	20.26	0.78	39.94	0.58	7.22	0.32	19772.00	74.80
	合计	166.50	6.43	394.69	5.77	118.77	5.25	23705.68	89.83
酒嘉（酒泉—嘉峪关）地区	肃州区	43.68	1.69	195.86	2.86	70.97	3.14	44911.00	169.91
	嘉峪关市	24.13	0.93	230.69	3.37	153.74	6.79	96771.00	366.10
	合计	67.81	2.62	426.54	6.24	224.70	9.93	62902.70	238.37
张掖（甘州—临泽）地区	甘州区	51.30	1.98	148.16	2.17	23.36	1.03	28915.00	109.39
	临泽县	13.57	0.52	47.42	0.69	12.13	0.54	34974.00	132.31
	合计	64.87	2.50	195.58	2.86	35.49	1.57	30150.01	114.25
金武（金昌—武威）地区	金川区	23.19	0.90	190.52	2.79	122.57	5.42	82155.00	310.80
	凉州区	100.89	3.89	260.34	3.81	75.32	3.33	25805.00	97.62
	合计	124.08	4.79	450.86	6.59	197.89	8.74	36336.38	137.69
平庆（平凉—庆阳）地区	崆峒区	51.86	2.00	117.58	1.72	23.55	1.04	22703.00	85.89
	华亭县	19.49	0.75	50.26	0.74	29.13	1.29	25815.00	97.66
	泾川县	28.40	1.10	47.06	0.69	6.13	0.27	16629.00	62.91
	西峰区	38.21	1.47	173.57	2.54	83.05	3.67	45438.00	171.90
	宁县	40.19	1.55	65.69	0.96	19.50	0.86	16347.00	61.84
	合计	178.15	6.88	454.17	6.64	161.36	7.13	25493.46	96.61
合计		974.48	37.62	3990.10	58.36	1411.32	62.36	40946.14	155.16

数据来源：根据《甘肃发展年鉴2015》整理。

表2　2014年农产品主产区国土开发现状

指标/区域		年末常住人口		生产总值		工业增加值		人均生产总值		粮食产量	
		绝对值（万人）	占全省比重（%）	绝对值（亿元）	占全省比重（%）	绝对值（亿元）	占全省比重（%）	绝对值（元）	占全省比重（%）	绝对值（万吨）	占全省比重（%）
全省		2590.78	100	6836.82	100	2263.2	100	26433	100	1158.65	100
沿黄农业产业带	临夏市	28.10	1.08	56.80	0.83	6.15	0.27	20283	76.73	2.38	0.21
	永靖县	18.33	0.71	36.19	0.53	14.66	0.65	19746	74.70	13.12	1.13
	景泰县	22.36	0.86	54.52	0.80	17.46	0.77	24382	92.24	17.75	1.53
	靖远县	45.41	1.75	63.42	0.93	8.06	0.36	13953	52.79	19.84	1.71
	合计	114.20	4.41	210.93	3.09	46.32	2.05	18471	69.88	53.10	4.58
河西农产品主产区	高台县	14.49	0.56	50.39	0.74	12.15	0.54	34802	131.66	17.09	1.48
	肃南县北部区块	—	—	—	—	—	—	—	—	—	—
	金塔县	14.87	0.57	70.43	1.03	16.15	0.71	47362	179.18	7.76	0.67
	玉门市	16.41	0.63	125.50	1.84	62.47	2.76	76806	290.57	5.26	0.45
	瓜州县	14.82	0.57	69.49	1.02	19.54	0.86	46886	177.38	2.54	0.22
	合计	60.59	2.34	315.81	4.62	110.32	4.87	52122	197.19	32.65	2.82
陇东农产品主产区	合水县	14.77	0.57	55.44	0.81	37.64	1.66	37532	141.99	10.20	0.88
	正宁县	18.16	0.70	24.96	0.37	19.50	0.86	13744	52.00	9.03	0.78
	灵台县	18.32	0.71	29.53	0.43	4.00	0.18	16137	61.05	19.43	1.68
	崇信县	10.31	0.40	28.93	0.42	14.68	0.65	27062	102.38	6.33	0.55
	合计	61.56	2.38	138.86	2.03	75.83	3.35	22557	85.34	44.99	3.88
中部重点旱作农业区	安定区	42.43	1.64	65.78	0.96	13.39	0.59	15508	58.67	42.2	3.64
	临洮县	51.17	1.97	56.51	0.83	9.18	0.41	11046	41.79	23.45	2.02
	陇西县	45.73	1.77	57.60	0.84	9.73	0.43	12599	47.66	22.21	1.92
	渭源县	32.67	1.26	26.35	0.39	1.65	0.07	8067	30.52	15.03	1.30
	漳县	19.53	0.75	18.78	0.27	2.59	0.11	9618	36.39	6.14	0.53
	岷县	45.43	1.75	31.20	0.46	4.13	0.18	6869	25.99	6.22	0.54
	甘谷县	56.57	2.18	55.37	0.81	8.48	0.37	9779	37.00	19.54	1.69
	武山县	43.57	1.68	48.38	0.71	5.52	0.24	11114	42.05	13.9	1.20
	秦安县	52.27	2.02	49.25	0.72	5.45	0.24	9439	35.71	21.66	1.87
	清水县	27.14	1.05	36.71	0.54	2.57	0.11	13496	51.06	18.38	1.59
	西和县	40.02	1.54	27.90	0.41	5.33	0.24	6747	25.52	18.63	1.61
	礼县	45.98	1.77	29.05	0.42	4.90	0.22	6326	23.93	15.71	1.36
	广河县	23.66	0.91	17.43	0.25	2.91	0.13	7399	27.99	10.8	0.93
	东乡县	29.57	1.14	15.09	0.22	1.12	0.05	5102	19.30	8.82	0.76
	合计	555.76	21.45	535.38	7.83	76.96	3.40	9633	36.44	242.69	20.95
合计		792.11	30.57	1200.98	17.57	309.44	13.67	15162	57.36	373.43	32.23

注：肃南县北部区块作为肃南县级行政单元的部分地区，不作为独立评价单元。

资料来源：《甘肃省主体功能区规划》（2012年7月）以及《甘肃发展年鉴2015》相关数据整理。

表3　2014年重点生态功能区国土开发现状

区域＼指标		人口 绝对值（万人）	人口 占全省比重（%）	生产总值 绝对值（亿元）	生产总值 占全省比重（%）	工业增加值 绝对值（亿元）	工业增加值 占全省比重（%）	人均生产总值 绝对值（元）	人均生产总值 占全省比重（%）
全省		2590.78	100	6836.82	100	2263.2	100	26433	100
甘南黄河重要水源补给生态功能区	合作市	9.30	0.36	31.37	0.46	6.11	0.27	33730	127.61
	夏河县	8.88	0.34	15.83	0.23	3.29	0.15	15243	57.67
	碌曲县	3.70	0.14	9.21	0.13	2.79	0.12	25049	94.76
	玛曲县	5.68	0.22	13.18	0.19	3.15	0.14	23292	88.12
	卓尼县	10.34	0.40	14.33	0.21	3.23	0.14	13885	52.53
	临潭县	13.79	0.53	16.79	0.25	2.44	0.11	12207	46.18
	临夏县	33.53	1.29	31.30	0.46	2.79	0.12	9334	35.31
	和政县	19.06	0.74	14.04	0.21	1.18	0.05	7394	27.97
	康乐县	24.01	0.93	18.26	0.27	1.19	0.05	7626	28.85
	积石山县	24.18	0.93	13.91	0.20	1.64	0.07	5772	21.84
	合计	152.47	5.89	178.21	2.61	27.83	1.23	11688	44.22
长江上游“两江一水”流域水土保持与生物多样性生态功能区	武都区	56.28	2.17	84.90	1.24	4.39	0.19	15122	57.21
	宕昌县	27.36	1.06	19.05	0.28	1.96	0.09	6982	26.41
	文县	21.64	0.84	21.48	0.31	4.69	0.21	9924	37.54
	康县	18.04	0.70	17.43	0.25	4.48	0.20	9666	36.57
	两当县	4.51	0.17	6.32	0.09	0.83	0.04	13497	51.06
	迭部县	5.29	0.20	10.16	0.15	1.61	0.07	19288	72.97
	舟曲县	13.20	0.51	13.97	0.20	2.47	0.11	10608	40.13
	合计	146.32	5.65	173.30	2.53	20.43	0.90	11844	44.81

续表3

区域	指标	人口 绝对值（万人）	人口 占全省比重（%）	生产总值 绝对值（亿元）	生产总值 占全省比重（%）	工业增加值 绝对值（亿元）	工业增加值 占全省比重（%）	人均生产总值 绝对值（元）	人均生产总值 占全省比重（%）
祁连山冰川与水源涵养生态功能区	阿克塞县	1.05	0.04	15.07	0.22	9.43	0.42	166598	630.27
	肃北县（不包括北部区块）	1.51	0.06	34.15	0.50	26.33	1.16	226156	855.58
	肃南县（不包括北部区块）	3.44	0.13	30.14	0.44	17.66	0.78	87879	332.46
	民乐县	22.19	0.86	44.09	0.64	12.45	0.55	19886	75.23
	山丹县	16.34	0.63	41.83	0.61	7.47	0.33	25631	96.97
	永昌县	23.82	0.92	65.59	0.96	19.93	0.88	27574	104.32
	古浪县	38.86	1.50	40.02	0.59	9.37	0.41	10298	38.96
	天祝县	17.5	0.68	43.76	0.64	19.82	0.88	25077	94.87
	中牧山丹马场特别区	—	—	—	—	—	—	—	—
	合计	124.71	4.81	314.64	4.60	122.45	5.41	25230	95.45
石羊河下游生态保护治理区	民勤县	24.11	0.93	64.41	0.94	15.21	0.67	26715	101.07
	合计	24.11	0.93	64.41	0.94	15.21	0.67	26715	101.07
敦煌生态环境和文化遗产保护区	敦煌市	18.85	0.73	100.65	1.47	21.51	0.95	70486	266.66
	合计	18.85	0.73	100.65	1.47	21.51	0.95	70486	266.66

续表3

区域 \ 指标		人口		生产总值		工业增加值		人均生产总值	
		绝对值（万人）	占全省比重（%）	绝对值（亿元）	占全省比重（%）	绝对值（亿元）	占全省比重（%）	绝对值（元）	占全省比重（%）
陇东黄土高原丘陵沟壑水土保持生态功能区	庆城县	26.31	1.02	103.27	1.51	75.12	3.32	39251	148.49
	镇原县	41.77	1.61	62.70	0.92	27.25	1.20	15012	56.79
	环县	30.64	1.18	82.41	1.21	51.32	2.27	26900	101.77
	华池县	12.30	0.47	99.40	1.45	80.35	3.55	80829	305.79
	庄浪县	38.36	1.48	35.81	0.52	5.08	0.22	9348	35.36
	静宁县	42.49	1.64	42.13	0.62	5.72	0.25	9927	37.56
	会宁县	53.67	2.07	57.22	0.84	10.29	0.45	10621	40.18
	通渭县	40.26	1.55	33.95	0.50	1.72	0.08	8435	31.91
	张家川县	29.12	1.12	25.02	0.37	4.28	0.19	8595	32.52
	合计	314.92	12.16	541.90	7.93	261.14	11.54	17207	65.10
肃北北部荒漠生态保护区	马鬃山镇	—	—	—	—	—	—	—	—
	合计	—	—	—	—	—	—	—	—
合计		782.53	30.20	1375.70	20.12	470.50	20.79	17580	66.51

注：肃南县北部区块作为肃南县级行政单元的部分地区，不作为独立评价单元。

资料来源：《甘肃省主体功能区规划》（2012年7月）以及《甘肃发展年鉴2015》相关数据整理。